FACULTÉ DE DROIT DE POITIERS.

THÈSE

POUR LE DOCTORAT

PAR

P.-A.-PROSPER GUIGOU-DELACHAUD,

Avocat.

POITIERS

IMPRIMERIE DE A. DUPRÉ,

RUE DE LA MAIRIE, 10.

—

1861.

F

FACULTÉ DE DROIT DE POITIERS.

DE LA CAPACITÉ

DE

DISPOSER ET DE RECEVOIR

PAR TESTAMENT

En Droit romain et en Droit français.

THÈSE
POUR LE DOCTORAT

Soutenue le Samedi 9 novembre 1861, à 2 heures 1|2 du soir,

DANS LA SALLE DES ACTES PUBLICS DE LA FACULTÉ,

PAR

P.-A.-PROSPER GUIGOU-DELACHAUD,

AVOCAT,

Né à Brézé (Maine-et-Loire).

POITIERS
IMPRIMERIE DE A. DUPRÉ,
RUE DE LA MAIRIE, 10.

1861.

COMMISSION :

PRÉSIDENT,　　M. ABEL PERVINQUIÈRE ✲.

SUFFRAGANTS,
{
M. GRELLAUD ✲, Doyen,
M. RAGON,
M. MARTIAL PERVINQUIÈRE,
M. LEPETIT.
}
Professeurs.

———◆———

Ⓒ

Vu par le Président de l'acte,
A. PERVINQUIÈRE ✲.

Vu par le Doyen,
H. GRELLAUD ✲.

Vu par le Recteur,
L. JUSTE ✲.

Les visas exigés par les règlements sont une garantie des principes et des opinions relatives à la religion, à l'ordre public et aux bonnes mœurs (statut du 9 avril 1825, art. 41), mais non des opinions purement juridiques, dont la responsabilité est laissée au candidat.

Le candidat répondra en outre aux questions qui lui seront faites sur les autres matières de l'enseignement.

A TOUS CEUX QUE J'AIME,

DÉVOUMENT ET AFFECTION.

S'il est des jours amers, il en est de si doux.
ANDRÉ CHÉNIER.

DROIT ROMAIN.

INTRODUCTION.

Testamenti factio, non privati
sed publici juris est.
(PAPINIEN. L. 3. Dig. qui test.
fac. poss.)

Le testament, par l'importance que son nom seul
révèle à tous, a occupé dans toutes les législations
une place considérable. Mis partout au rang des
plus grandes institutions du droit privé, le testament, chez les Romains, par une conséquence naturelle de la constitution politique, s'éleva, pendant
un certain temps, à la hauteur d'un acte public (1).

Le testament est, en effet, pour chaque citoyen
érigé en législateur, l'exercice d'un pouvoir sou-

(1) Montesquieu, Esprit des Lois, liv. 27, chap. unique.

1

verain, qui lui permet non-seulement de disposer
de ses biens, mais de se choisir un héritier, un
successeur, un continuateur de sa personne. Le testateur se substitue dans la cité un homme qui y
tiendra la place qu'il y occupait lui-même; le chef de
famille ne mourra pas, il revivra dans le successeur qu'il s'est choisi ; sa personne juridique survit
à sa personne physique pour les choses sacrées
comme pour les choses profanes.

Ce droit de se survivre à soi-même, de jouir, pour
ainsi dire par delà le tombeau, de l'autorité absolue
et despotique dont la loi a investi le citoyen de son
vivant, pour le gouvernement de sa famille, était,
chez les Romains, l'objet de solennités et de formalités rigoureuses et multiples, qui en indiquent
toute la haute destination. La faction de testament,
qui est bien assurément la plus belle prérogative du
droit de propriété, n'en était cependant point une
conséquence nécessaire ; elle n'appartenait point
indistinctement à tous, mais seulement à ceux qui
en avaient été gratifiés par la loi : la faction de testament n'était point de droit privé, mais de droit
public.

Contenant la désignation d'un héritier qui pouvait
être pris hors de la famille, ne valant et ne se sou-
tenant que par l'institution d'héritier, rompant
ainsi l'agrégation politique et religieuse de la famille
civile, le testament élevait la volonté de l'homme
au-dessus de l'organisation que la loi avait faite des
successions légitimes.

Un droit aussi étendu intéressait trop gravement tout l'ordre social pour que l'État n'exigeât pas son intervention : ce successeur que le testateur s'est choisi devra être agréé par le peuple assemblé en ses comices (*calatis comitiis*); sa volonté sera une loi, privée sans doute, mais suffisante pour anéantir les dispositions générales de la loi sur la dévolution des successions.

Plus tard, débarrassée de ces solennités parfois bizarres, quoiqu'ayant leur raison d'être ; d'abord par la mancipation de l'hérédité, *per œs et libram*, devant quelques témoins assemblés, pâle vestige des anciens comices, ensuite par le droit prétorien; la faction de testament n'en resta pas moins exclusivement réservée aux seuls citoyens, qui, jaloux du droit de tester, considéraient comme un malheur, même comme une honte, de mourir *intestat*.

Indiquer sur quels motifs reposent les incapacités de disposer par testament; énumérer les causes de privation établies par la loi, soit de la prérogative de laisser un testament valable, soit de celle de recevoir, d'être institué héritier ou d'être gratifié, en un mot, et envisageant la faction de testament au double point de vue actif et passif que les jurisconsultes romains lui ont accordé, déterminer quels sont ceux auxquels la loi l'a concédée, tel est l'objet de l'étude à laquelle nous allons nous livrer.

CHAPITRE PREMIER.

DES INCAPACITÉS DE DISPOSER.

Pater familias uti legassit super pecunia tutelave suæ rei , ita jus esto, dit la loi des Douze Tables , ce premier monument certain de la législation romaine. Au père de famille seul appartient le droit de laisser un testament, de se choisir un successeur , un continuateur de sa personne juridique. Chef unique, souverain maître de tout ce qui est soumis à sa puissance, lui seul est propriétaire des choses sacrées et profanes qui forment le patrimoine de la famille ; lui seul, par suite, a et peut avoir le droit de disposer. Être *pater familias* , c'est à la fois être libre, citoyen et *sui juris*, c'est-à-dire indépendant de toute puissance , *non alieno juri subjectus*. L'état du père de famille (*status*, *caput*) se compose de ces trois éléments : la liberté (*libertas*), la cité (*civitas*), la famille (*familia*), dont il doit être le chef pour pouvoir tester. Ces trois conditions essentielles, constitutives de l'état de citoyen romain , nous indiquent une division toute naturelle et tripartie des incapacités de disposer qui résultent de la perte de l'une ou de l'autre de ces qualités , et que nous allons successivement examiner.

SECTION PREMIÈRE.

DE CEUX QUI NE PEUVENT TESTER PARCE QU'ILS N'ONT PAS LA LIBERTÉ.

§ Ier. — Sans aucun doute l'esclave ne peut tester ; déchu de toute espèce de droits, frappé d'une prohibition générale, placé sous la domination despotique du maître, il est sa chose et sa propriété, *dominio alieno subjicitur* (1) (*dominium*, propriété). Celui qui est réduit en esclavage est mort pour la société, dans laquelle il ne peut avoir d'état (*servile caput nullum jus habet*) ; il n'est pas, à proprement parler, une personne : « *Quod attinet ad jus civile, servi pro nullis habentur, servitutem mortalitati fere comparamus* (2) ; » il ne peut rien acquérir ni posséder pour lui-même, il ne peut rien transmettre.

Puisant son origine dans le droit des gens, l'esclavage frappe indistinctement et ceux qui naissent des femmes déjà esclaves, « *qui nascuntur ex ancillis nostris* (3), » et ceux que les chances et les malheurs de la guerre soumettent à la loi du vainqueur. Non-seulement l'ennemi vaincu par les armes romaines devenait esclave, mais il en était de même du citoyen romain fait captif par ceux contre lesquels il com-

(1) Inst., lib. 1, t. 3, § 2.
(2) D. 50, 17. L. 32, 209. Ulp.
(3) Inst., lib. 1, t. 3, § 4.

battait. Privé, par la captivité, de tous ses droits de liberté et de cité, il ne pouvait faire un testament qui, nul *ab initio*, ne pouvait jamais valoir, quoiqu'il parvînt plus tard à reconquérir sa liberté : « *Ejus qui apud hostes est, testamentum quod ibi fecit, non valet, quamvis redierit* (1). »

Les dispositions testamentaires qu'il avait faites *dum in civitate fuerat*, alors qu'il jouissait de la plénitude de ses droits, devaient nécessairement être infirmées, la servitude où tombe le testateur lui enlevant même le droit de laisser une hérédité ; mais cette rigueur était tempérée par un bénéfice appelé le *jus postliminii*. Par l'effet du *postliminium*, l'état du captif restait en suspens, et, s'il revenait, il était considéré comme n'ayant jamais perdu la liberté ; son testament recevait alors son plein et entier effet : « *si redierit, testamentum valet, jure postliminii* (2). Cette fiction n'était point nécessaire pour valider les dispositions testamentaires laissées par celui fait prisonnier par des pirates, qu'elles fussent faites avant ou pendant sa captivité ; car, comme l'explique clairement la loi 24, au Dig. *de captivis et postliminio*, les brigands ne sont pas des ennemis, et ceux qu'ils font prisonniers ne deviennent point esclaves. *Hostes sunt quibus bellum publice populus romanus decrevit, vel ipsi populo romano; cæteri latrunculi vel prædones appellantur. Et ideo quia latronibus captus est servus,*

(1) D. 28, 1, L. 8.
(2) Inst., lib. 2, t. 12, § 5.

latronum non est, *nec postliminium illi necessarium est.* (*Dig.* L. 28, t. 1, l. 13.)

A l'égard du testateur décédé chez l'ennemi, sa position est plus mauvaise encore : il est mort esclave, dépouillé de tous ses droits, et par conséquent de celui de laisser un testament. Tel fut aussi le droit rigoureux jusqu'à la loi *Cornelia testamentaria an de falsis*, portée sous la dictature de Cornelius Sylla (an 680 de Rome), qui, par une faveur spéciale et pour rendre au testament sa valeur, suppose le captif mort à l'instant même de sa captivité, et par conséquent dans l'intégrité de ses droits. « *Lege Cornelia testamenta eorum qui in hostium potestate decesserint, perinde confirmantur, ac si hi qui ea fecissent, in hostium potestate non pervenissent* (1). »

C'est ainsi que par le double bénéfice du *postliminium* et de la loi Cornelia, on validait le testament fait par le captif avant de tomber au pouvoir de l'ennemi, soit qu'il revînt, soit qu'il mourût en captivité.

§ II. — Si, comme nous l'avons dit plus haut, l'esclavage est du droit des gens, néanmoins, et dans certains cas, la servitude résultait du droit civil. Parfois, en effet, la loi faisait perdre aux citoyens romains eux-mêmes la liberté dont ils s'étaient rendus indignes, infligeait l'esclavage comme une punition, l'attachait à certaines condamnations prononcées contre des coupables.

C'est ainsi que ceux qui étaient condamnés à

(1) D. 28, 1, l. 12.

combattre comme gladiateurs (*ad ferrum*), aux bêtes (*ad bestias*); ou aux mines (*in metallum, vel opus metalli*), perdaient leur liberté et voyaient leurs biens confisqués. Dépouillé de toute espèce de biens et de droits, le condamné non-seulement ne pouvait tester, mais encore le testament qu'il avait fait, *integri status*, antérieurement à sa condamnation, était dépourvu de toute valeur : *testamentum ejus irritum fiet*. Il en était toutefois autrement si le condamné obtenait de la haute bienveillance du prince la remise de sa peine, et était rétabli dans l'intégrité de ses droits : *si quis damnatus in capite, in integrum indulgentia principis sit restitutus, testamentum ejus convalescet* (1).

Cette incapacité de tester, qui frappait les condamnés à une peine capitale (2), subsista alors même que, par les novelles 22, chap. 8, et 134, chap. 13, Justinien eut abrogé et la perte de la liberté qui était attachée à ces condamnations, et la confiscation des biens qui en était la conséquence.

Par le seul effet de la sentence prononcée contre lui, le condamné est frappé de la perte de la liberté et de toutes les incapacités qui en sont le résultat. L'exécution de la peine n'est pas nécessaire. La mort civile (nous avons comparé la servitude à la mort) est, pour ainsi dire, dans la bouche du juge qui

(1) D. L. 6, § 12, de injusto rupto.

(2) On entendait par peine capitale celle qui entraînait contre le coupable soit la mort, soit la servitude, soit la perte de la cité, ainsi que l'explique très-bien la loi 2, Dig. de pœnis.

prononce la condamnation ; que le condamné décède
avant l'exécution ou qu'il s'évade, il n'en perd
pas moins le droit de faire ou d'avoir un testament.
Aucun doute ne peut exister sur ce point en présence
des termes explicites de la loi 6, § 6, *de injusto rupto*,
qui est ainsi conçue : « *Sed et si quis fuerit capite*
damnatus, vel ad bestias, vel ad gladium, vel alia
pœna quæ vitam adimit, testamentum ejus irritum
fiet ; et non tunc, cum consumptus est, sed cum senten-
tiam passus est (1). »

Si la condamnation par elle-même et sans exécution faisait perdre le droit de tester, ce n'était que la
condamnation qui pouvait faire encourir une semblable déchéance. Le simple prévenu, ou même
celui qui, condamné, avait fait appel de la condamnation prononcée contre lui, pouvait valablement
tester, quelque preuve qu'il y eût de son crime,
même son propre aveu ; et s'il décédait après avoir
testé et avant sa condamnation définitive, son testament était valable : *Si quis post accusationem in cus-*
todia fuerit defunctus indemnatus, testamentum ejus
valebit, dit la loi 9, Dig., lib. 28, t. 1 (2).

Des exceptions à ce principe se rencontrent dans
la loi 20, Dig. *de accusationibus*, et la loi ult. au
Dig. *ad legem Juliam majestatis*, qui, permettant de
poursuivre et de requérir, même après la mort de

---

(1) Dig., L. 10, § 1, de pœnis.

(2) Junge D., L. 6, § 8, de injusto rupto ; — L. 13, § 2, qui test.
facere possunt ; — L. 2, § 2, de pœnis.

l'accusé, une condamnation contre ceux qui s'étaient rendus coupables du crime de lèse-majesté ou de concussion , anéantissaient par cela même les dispositions testamentaires qu'avait pu laisser le prévenu à son décès.

§ III. — D'après le sénatus-consulte Claudien, la femme libre, citoyenne romaine ou latine, qui entretenait un commerce illicite avec un esclave, et persistait malgré les observations et les sommations du maître, en était punie par l'esclavage. La femme affranchie qui se rendait coupable de la même débauche honteuse, redevenait l'esclave de son patron, si elle agissait à son insu , sinon celle du maître de l'esclave (1). Justinien , par ses Instituts, abrogea cette cause d'esclavage comme indigne de son siècle, et comme devant être abolie dans ses États : *quod indignum nostris temporibus existimantes* (2).

§ IV. — Les deux seules causes qui restent sous Justinien , et qui sont jugées assez graves pour faire perdre la liberté, ce sont : l'ingratitude d'un affranchi envers son patron , et la vente frauduleuse qu'un citoyen romain consent de sa personne comme s'il était esclave, pour en partager le prix avec son complice. Quant au premier cas, l'esclave qui avait reçu de son maître le bienfait de la liberté était tenu, en sa qualité d'affranchi, à certains devoirs et services

(1) Paul. lib. 2, t. 21.
(2) Inst., lib. 3, t. 12, § 1.

que le maître pouvait exiger. Si, oubliant la générosité de son maître, il lui refusait des aliments, l'accablait d'outrages, le frappait, ou refusait de le secourir dans sa pauvreté, le maître pouvait obtenir une condamnation qui faisait rentrer l'affranchi dans l'esclavage et le remettait sous sa puissance (1).

§ V. — A l'égard du second, il est nécessaire de faire observer que, chez les Romains, la liberté était inaliénable, imprescriptible ; quelque temps que l'on fût resté en servitude, on pouvait toujours revendiquer une liberté qui temporairement avait été méconnue (2). Exploitant ce privilége, certains citoyens, poussés par la misère et l'esprit de fraude, se laissaient vendre comme esclaves, puis, une fois l'argent compté, revendiquaient leur liberté, rejoignaient leur complice pour partager le prix de la vente, laissant leur acheteur privé à la fois et de la chose et du prix. Pour les punir d'avoir fait si peu de cas de la liberté, et surtout pour réparer le préjudice que leur fraude avait causé à l'acheteur, une loi, peut-être le sénatus-consulte Claudien, prononçait contre eux la peine de l'esclavage. Les dispositions des lois 7, t. 12, et 1, t. 13, lib. 40, Dig., énumèrent les circonstances aggravantes, si je puis m'exprimer ainsi, que devait revêtir cette fraude pour frapper le coupable d'une peine aussi terrible.

(1) Dig., lib. 25, t. 6, L. 6.—L. 2, C. de libert. et corum liber.—Dig., lib. 37, t. 15, L. 1, 5.
(2) Dig., lib. 40, t. 12.—C. 7-16.

En résumé, de quelque manière que se perde la liberté, celui qui en est privé, qui a éprouvé la grande diminution de tête (*maxima capitis diminutio*), non-seulement ne peut tester, mais encore meurt intestat. Le testament qu'il avait fait avant son esclavage est rompu et sans valeur. Notons, en terminant, une exception unique en faveur de l'esclave public du peuple romain (*servus publicus populi romani*), qui, d'après Ulpien, lib. 20, § 16, pouvait disposer de la moitié de son pécule.

SECTION II.

DE CEUX QUI NE PEUVENT TESTER PARCE QU'ILS N'ONT PAS LE DROIT DE CITÉ.

§ Ier. — Tous les peuples, comme le dit Justinien dans ses Instituts, lib. 1, t. 2, § 1, ont un droit qui leur est propre, et auquel participe chaque citoyen. Chaque nation, à côté du droit des gens commun à tous, a un droit spécial réservé à chacun de ses membres, *quod populus sibi constituit*. Les Romains, plus que tout autre peuple, organisèrent d'une manière puissante et rigoureuse leur droit de cité, *jus Quiritum*, applicable aux seuls citoyens, et dont aucune partie n'était accordée aux étrangers. On connaît ce fameux mot : « *Civis romanus sum*, » qui, à lui seul, était une sauvegarde et une menace contre quiconque aurait osé y porter atteinte. De toutes les prérogatives accordées par le droit civil aux seuls citoyens, celle à laquelle les Romains attachaient peut-être le plus d'importance était le droit de tester ; car chez eux c'était un malheur, presque une honte de mourir intestat. Aussi, malgré les concessions nombre̶ ̶, diverses, plus ou moins étendues, qui sont faites successivement du droit civil aux peuples soumis par les armes ou par des traités, voyons-nous la faction de testament accordée à un très-petit nombre, jusqu'au jour où l'empereur Antonin Caracalla (an de Rome 965) déclara citoyens tous les sujets de l'empire, et les admit tous à la participation du droit civil (1).

Quoi qu'il en soit, à côté du citoyen romain et du colon romain (*colonus romanus*), qui ont la faction de testament, se placent les autres peuples auxquels sont concédés des démembrements plus ou moins importants du droit des Quirites, tels que les Latins (*Latini*), les colons latins (*latini colonarii*), mai squi ne jouissent point du droit de tester. Enfin, et même après la constitution de Caracalla, qui supprima toutes ces différences, il exista toujours, quant au droit de cité, des citoyens et des étrangers, *cives et peregrini*, les *hostes* et les *barbari*, qui ne pouvaient y prendre part; l'étranger proprement dit, et à toutes les époques, ne put jamais tester (2).

§ II. — L'esclave qui avait reçu de la générosité

(1) Dig., L. 17, de stat. homin.—Nov. 78, chap. 5.
(2) Ulp. Regul. 17, § 1.

de son maître le bienfait de la liberté, qui avait été affranchi par un des modes publics de manumission, le cens, la vindicte ou le testament, devenait par cela même citoyen romain, participait au droit civil, et avait la faction de testament. Dans le principe, aucune distinction n'était à faire entre les affranchis : ou ils étaient libres et étaient citoyens romains, ou ils étaient esclaves, quoique, par la bienveillance de leur maître et la protection du préteur, quelques-uns vécussent en liberté, *in libertate erant* (1). La loi *OElia-Sentia*, rendue sous Auguste (an 757 de R.), tout en portant quelques prohibitions et conditions nouvelles aux affranchissements, créa une seconde classe d'affranchis, qui se composa des esclaves qui étaient libérés de la servitude, mais qui, pendant leur esclavage, avaient été jetés dans les fers, marqués d'un fer chaud, ou mis à la torture pour un crime dont ils étaient restés convaincus. Assimilés aux peuples qui, après avoir pris les armes contre les Romains, s'étaient rendus à discrétion et qu'on appelait déditices (*dedititii*), ils ne participaient en aucune façon au droit civil, et n'avaient aucun moyen de devenir citoyens (2).

Une seconde loi, rendue sous Tibère (an de R. 772), régla la position des esclaves qui *in libertate morabantur*, qui ne jouissaient de la liberté que par la volonté du maître, ou qui n'avaient été affranchis

---

(1) Veter. juriscons. fragm., § 6, de manum.
(2) Gaius, Comm. 1, §§ 13, 25, 26.

que par un mode privé de manumission. La loi *Junia Norbana* en fit une troisième classe d'affranchis, désignés sous le nom de *Latins juniens*. Admis à une partie du droit de cité, ils n'avaient point toutefois la faction de testament (1). Ainsi, dans l'ancien droit, les deux dernières classes d'affranchis, les Latins juniens et les dédilices, étaient privés du droit de tester. Justinien, consacrant ce que l'usage avait déjà presque universellement établi, abolit toute distinction entre les affranchis, de quelque manière qu'ils eussent reçu la liberté, donna à tous le droit de cité, et par suite le droit de disposer par testament (2).

§ III. — Nous avons indiqué plus haut comment la perte de la liberté pouvait être le résultat de certaines condamnations capitales; quels étaient ceux qui encouraient la grande diminution de tête (*maxima capitis diminutio*), et quelles étaient les conséquences de ces condamnations au point de vue du droit de tester.

De même que la liberté, la cité peut se perdre pour des causes de même nature, qui, moins graves, conservent au coupable la vie et la liberté, en lui enlevant toute participation au droit civil. Celui auquel on avait interdit l'eau et le feu, privé de tout ce qui était nécessaire à la vie, forcé de s'expatrier,

---

(1) Gaius, Comm. 1, § 23.—Ulp., tit. 20, § 14.
(2) Code, lib. 6, t. 5 et 6.

banni à perpétuité, devenait étranger (*peregrinus*),
et perdait le droit de cité (1). La déportation entraînait contre celui qui l'avait encourue les mêmes
conséquences, quant à la capacité civile, que l'interdiction de l'eau et du feu ; plus rigoureuse dans ses
effets criminels, elle tenait le condamné enfermé
dans un lieu déterminé, d'où il ne pouvait sortir sous
peine de mort (2). Avec l'amoindrissement de l'importance du titre de citoyen romain, l'interdiction
de l'eau et du feu disparut peu à peu, et fut rem-
placée par la déportation, ainsi que l'indique la
loi 2, Dig., lib. 48, t. 19.

Privé de toute participation au droit civil, dépouillé
de ses biens frappés de confiscation, le déporté non-
seulement ne peut tester, mais encore le testament
qu'il avait fait avant la condamnation est dépourvu
de tout effet et de toute sanction (3).

A la déportation il faut bien se garder d'assimiler
la relégation, qui, elle aussi, n'était autre chose qu'un
exil dans un lieu déterminé, mais qui, temporaire ou
perpétuelle, ne faisait jamais perdre le droit de cité :
sive ad tempus, sive in perpetuum quis fuerit relegatus,

(1) Cette interdiction de l'eau et du feu était une formule de
bannissement perpétuel, un moyen indirect d'enlever le droit de
cité, qui, protégé par son caractère sacré, ne pouvait être anéanti
par aucune condamnation, aucun ordre du peuple : « Civitatem vero
nemo unquam ullo jussu populi amittet invitus » (Cicéron, Pro
domo, chap. 29 et 30.)

(2) Dig., L. 4, de pœnis.

(3) D., lib. 28, t. 1, L. 8, § 1.

*et civitatem romanam retinet, et testamenti factionem
non amittit* (1).

Tout ce que nous avons dit de la position du prévenu non condamné, de l'effet des condamnations à
des peines entraînant la perte de la liberté, s'applique à celles qui prononcent la déchéance du droit
de cité. Elles sont mises sur le même rang, elles
sont toutes capitales, aux termes de la loi 2, au Dig.,
de pœnis. Nous devons toutefois faire remarquer,
d'après le § 1er de la même loi, que la condamnation,
lorsqu'elle émane d'un magistrat n'ayant pas le droit
de déporter (un président), n'était définitive que par
l'approbation donnée par le prince à la sentence
prononcée.

SECTION III.

DE CEUX QUI NE PEUVENT TESTER PARCE QU'ILS SONT ALIENI JURIS, SOUMIS A LA PUISSANCE D'AUTRUI.

§ Ier. — La loi des Douze Tables, en conférant au
père de famille seul le droit de tester, l'interdit nécessairement et implicitement au fils de famille.
Rien de plus naturel d'ailleurs que cette prohibition
portée contre lui ; soumis à la puissance du père,
s'identifiant dans sa personne, ne pouvant rien acquérir ni posséder pour lui-même, il ne pouvait par
suite avoir une hérédité à transmettre. La faction de
testament eût été dérisoire entre ses mains, puisqu'il

(1) Dig., L. 7, § 3, de interd. et relegat.—Lib. 28, t. 1, L. 8, § 3.

2

n'avait occasion de l'exercer. De nombreux textes re-
fusent au fils de famille le droit d'avoir un testament (1). L'autorisation, la permission du père de
famille, est impuissante à faire disparaître l'incapacité du fils : *adeo ut quamvis pater ei permittat, nihilo
magis tamen jure testari potest.* La raison s'en trouve
dans la loi 3, Dig., *qui test. fac. poss.*, c'est que *testamenti
factio non privati sed publici juris est.* Non-seulement
le fils de famille ne peut faire un testament, mais,
frappé d'une incapacité absolue de chaque instant,
il n'a pas le droit de laisser un testament : les dispositions testamentaires faites par lui alors qu'il est
soumis à la puissance d'autrui ne sont pas confir-
mées, quoiqu'il décède père de famille (2) : *quod ab
initio vitiosum est, non potest tractu temporis convalescere.*

Plus tard, lorsqu'on se fut départi des règles sévères et rigoureuses de la puissance paternelle, lorsqu'on eut reconnu au fils de famille une personnalité
distincte, qu'on lui eut concédé la capacité d'acquérir et de posséder des biens en propre, il n'eut pas
par cela même le droit d'en disposer par testament.
La faction de testament n'était point une conséquence immédiate du droit de propriété. Elle leur fut
octroyée, ainsi que nous l'apprend Justinien dans ses
Instituts, lib. 2, t. 12, d'abord par Auguste, Nerva

---

(1) Dig., L. 6, 16, 19, qui test. fac. possunt. — Inst., lib. 2, t. 12,
princ. — C. L. 3, qui test. fac. possunt.
(2) Dig., L. 19, qui test. fac. poss.

et Trajan, pour leurs biens acquis à l'occasion du service militaire (*peculium castrense*); successivement, et par faveurs spéciales, pour les biens assimilés à ceux acquis au service (*peculium quasi castrense*) : telle fut leur capacité jusqu'au jour où Justinien, par les lois 37, au C., § 1er, *de inoff. testam.*, et 12, *qui test, fac. poss.*, accorda à tous les fils de famille le droit de tester sur leur pécule *quasi castrans*. Quant au pécule adventice, troisième espèce de pécule créé par Constantin à leur profit sur les biens venant de leur mère, étendu par des empereurs à ceux qu'ils pouvaient recevoir de leurs parents maternels (1), les fils de famille n'eurent jamais le droit d'en disposer par testament (2).

§ II.—La femme soumise à la puissance du père de famille (*in potestate*), ou au pouvoir du mari (*in manu*), n'avait pas plus de droits que le fils de famille, et était privée du droit de tester. Même *sui juris*, indépendante de toute puissance, la femme à laquelle était refusée toute participation au droit public ne pouvait tester quand le testament, à l'origine, se faisait *calatis comitiis*. Plus tard, soumises à une tutelle perpétuelle *propter levitatem animi* (3), les femmes ne pouvaient faire un testament qu'avec l'autorisation de leur tuteur, comme le dit Ulpien, t. 20, § 15. Enfin, elles purent librement tester et sans contrôle, aussitôt leur puberté, lorsqu'elles

(1) Cod., L. 1-2, de bonis maternis.
(2) Inst., quibus non est permiss. fac. test. princ.
(3) G. Comm. 1, § 144.

parvinrent à se soustraire à cette tutelle, abrogée peu à peu par le non-usage, et dont il n'est plus même question sous Justinien (1).

§ III. — En terminant l'énumération des personnes qui sont privées du droit d'avoir, de laisser un testament, nous devons faire connaître une règle qui est commune à toutes. L'incertitude que l'on peut avoir sur son état est un obstacle à l'exercice de la faction de testament, alors même qu'en réalité on en serait investi. Celui qui est ignorant de son état, par exemple, qui ne sait s'il est libre ou esclave, citoyen ou étranger; qui, esclave ou fils de famille, ignore la mort du maître qui l'affranchit, ou du père de famille qui le fait *sui juris*, ne peut valablement faire un testament, et celui qu'il aurait fait dans le doute ou l'ignorance serait non avenu : *de statu suo dubitantes, vel errantes, testamentum facere non possunt* (2).

SECTION IV.

DE CEUX QUI SONT PRIVÉS DE L'EXERCICE DU DROIT DE TESTER.

La faction de testament se compose de deux éléments essentiels, qu'il faut bien se garder de confondre : le droit, l'investiture légale du droit, et

_____
(1) Poth. Pand., liv. 27, append.
(2) D. I., 14, 15, qui test. fac. poss.

l'exercice du droit ; la capacité naturelle et la capacité civile. Toutes les incapacités que nous avons examinées jusqu'à présent sont le résultat de la privation du droit lui-même d'avoir un testament, de laisser une hérédité. Tout père de famille a le droit de tester à l'état latent, si je puis m'exprimer ainsi, mais il peut être privé de l'exercice de ce droit : *quamvis autem quis eam testamenti factionem, quæ juris est, habeat, id est pater familias, tamen multa in ejus persona accidere possunt quæ eum testari prohibeant* (1).

§ 1er. — En première ligne, et parmi ceux qui sont privés du droit de tester, qui n'ont pas le pouvoir de disposer, nous rencontrons le fou, celui qui est privé de sa raison. Comment, en effet, pouvoir appliquer aux dispositions qu'aurait enfantées le déréglement de sa raison, cette définition du testament donnée par Ulpien, t. 20, § 1 : *mentis nostræ justa sententia.* Incapable de formuler, de manifester une volonté sérieuse, *furiosi voluntas nulla est,* dit le jurisconsulte africain (2) ; celui qui est atteint d'imbécillité, de démence ou de fureur, est incapable de tester.

Tant que le fou est en butte à la maladie qui obscurcit sa raison, il ne peut faire un testament ; mais s'il vient à obtenir la guérison, si son esprit revient à la lumière, si enfin il a des intervalles lucides, le

(1) Poth., Pand., lib. 28, § 4.
(2) Dig., L. 20, § 1, qui test. fac. poss.

testament qu'il rédigera pendant ce temps sera parfaitement valable, comme émanant d'une personne saine d'esprit (1).

§ II. — L'impubère, l'homme qui n'a pas atteint l'âge de quatorze ans, et la femme sa douzième année, ne peut disposer de son hérédité. Sans être complétement assimilé au fou qui est privé de toute intelligence, l'impubère n'a cependant pas une maturité de raison suffisante pour apprécier toute l'importance de l'acte qu'il accomplit en faisant un testament : *Impubes facere testamentum non potest, quoniam nondum plenum judicium animi habet*, dit Ulpien, t. 20, § 12. Parvenus à la puberté, l'homme sans l'assistance de son curateur, si on lui en a donné un, la femme avec l'autorisation de son tuteur, ou même parfois sans cette autorisation, peuvent disposer de l'universalité de leurs biens.

§ III. — Dans l'ancien droit on discutait la question de savoir si les eunuques pouvaient tester, comme étant dans l'impossibilité physique de devenir pubères, *quia non pubescunt, et quia nec viri nec mulieres, sed tertium genus habiti.* Accurse en donnait une autre raison : *quia non habent testes, quos testamentum requirit.* L'usage toutefois prévalut qu'ils pouvaient tester, mais plus tard que les autres, à l'âge où la plupart atteignent la puberté, c'est-à-dire à dix-huit ans (2). Constantin les assimila, à cet égard,

---

(1) Dig , L 20, § 4, qui test. fac poss. — C. L. 9, qui test. fac. poss.

(2) Paul., lib. 3, t. 4, § 2.

à tous autres individus , ainsi que nous l'apprend la
L. 5. C. *qui test. fac. poss.*

§ IV. — Par la même raison que celle donnée
plus haut pour le fou et l'impubère, et tirée du défaut
de jugement, le prodigue, celui qui est interdit dans
ses biens, ne peut faire un testament valable (1).
Une autre raison applicable sous l'empire du testament *per œs et libram* , c'est qu'incapable d'aliéner ,
il ne pouvait manciper , par suite faire un testament.

§ V. — Des vices corporels , des infirmités physiques peuvent aussi enlever, paralyser l'exercice du
droit de tester, créer une impossibilité matérielle de
manifester sa volonté. Toutefois, la maladie du corps
ni la vieillesse ne sont un obstacle à la liberté de
tester. Quelque grave que soit la maladie dont le testateur soit affecté , fût-il à la dernière extrémité,
s'il a toute sa raison, et s'il peut formuler sa volonté,
cela suffit ; car, comme dit Labéon : *in eo qui testa-
tur integritas mentis , non corporis sanitas, exigenda
est* (2). Celui qui avait les deux mains coupées ,
pouvant faire écrire son testament par un tiers et
prononcer les paroles de la nuncupation, n'était
point exclu de la faculté de tester (3). De même,
l'aveugle avait toujours pu faire un testament, parce
que, dit Paul dans ses Sentences, *accire potest adhi-
bitos testes , et audire sibi testimonium perhibentes* (4).

---

(1) Dig., L. 18, qui test. fac. poss.
(2) Dig., L. 2, qui test. fac. poss.— C., L. 3, qui test. fac. poss.
(3) D., L. 10, qui test. fac. poss.
(4) Paul. L. 3, sent. 4, § 4.

Toutefois, pour le prémunir contre les fraudes que son infirmité ne lui permettait pas d'éviter et de déjouer, Justin, par la loi 8, C. *qui test. fac. poss.*, soumit le testament de l'aveugle à une forme particulière et protectrice.

§ VI. — Les seules infirmités qui empêchaient de tester, étaient le mutisme et la surdité : le muet, parce qu'il ne pouvait prononcer, sous l'empire du testament *per œs et libram*, les paroles de la nuncupation ; le sourd, parce qu'il ne pouvait entendre celles de ceux qui concouraient à la mancipation. Suivant le droit prétorien, ils encouraient la même incapacité ; l'un pour ne pouvoir requérir des témoins, l'autre pour ne pouvoir les entendre (1). Les sourds et les muets ne pouvaient donc tester d'après le droit commun ; à moins qu'ils ne fussent militaires (2), ou qu'ils n'eussent reçu une permission spéciale du prince (3). Justinien vint à leur secours, et par une constitution insérée au Code, L. 10, *qui test. fac. poss.*, autorisa les sourds à tester comme les autres pères de famille, et les muets seulement par écrit. Il n'y eut plus que ceux dans l'impossibilité de manifester leur volonté, comme les sourds et muets de naissance, qui furent privés de faire un testament.

Pour terminer l'énumération de ceux qui, quoi-

---

(1) Poth., Pand., lib. 28-17.
(2) Inst., lib. 2, t. 2, § 2.
(3) L. 7, qui test. fac. poss.

que investis du droit de tester, ne peuvent l'exercer, nous devons mentionner les apostats et les héréti-ques, qui, d'après des constitutions de Théodose, de Valentinien et de Justinien, rapportées au Code, L. 4, *de apost.*, et l. 4, *de hæret.*, étaient déclarés *intestabiles.*

SECTION V.

DU TEMPS AUQUEL LE TESTATEUR DOIT ÊTRE CAPABLE, ET DE QUELLE MANIÈRE IL DOIT L'ÊTRE.

La faction de testament, avons-nous dit plus haut, se compose de deux éléments parfaitement distincts : le droit et l'exercice du droit. C'est surtout en ce qui concerne les diverses époques à envisager pour la capacité du testateur, que nous allons remarquer toute l'importance de cette distinction.

Tous les commentateurs, d'après l'ensemble des textes du droit romain sur la capacité de tester, re-connaissent que le testateur doit être capable à deux époques : 1° celle de la confection du testament ; 2° celle de sa mort.

Le testateur, au moment de la confection de son testament, doit réunir tous les éléments de capacité au plus haut degré ; il doit avoir le *summum jus* de la capacité, si nous pouvons nous exprimer ainsi ; non-seulement il doit avoir le droit, mais encore l'exercice du droit. Si, père de famille, ayant droit d'avoir un testament, il était privé d'exercer ce droit pour cause d'impuberté, de démence ou d'interdiction, l'acte qu'il aurait fait serait nul dès l'origine, n'aurait jamais eu un moment d'existence, et ne pourrait jamais être confirmé, le testateur eût-il acquis la capacité entière au moment de sa mort. *Quod ab initio vitiosum est, non potest tractu temporis convalescere* (1).

Le testateur doit être capable au moment de sa mort; c'est à cette époque que le testament produit son effet; il est naturel que celui qui dispose réunisse les qualités suffisantes pour pouvoir transmettre ses biens. Mais, s'il est nécessaire qu'au moment de sa mort, le testateur ait le droit en lui-même de laisser un testament, il peut impunément être privé de l'exercice de ce même droit. Que, postérieurement à la confection du testament, il soit devenu fou ou interdit, le testament, régulièrement fait, n'en vaudra pas moins, parce qu'au moment de la mort du disposant, il possédait au moins le droit de laisser et de transmettre son hérédité (2). Que si, au contraire, le testateur vient à éprouver un de ces changements d'état qui enlèvent même le droit d'avoir un testament, comme une condamnation entraînant la perte de la liberté ou de la cité, le testament fait auparavant deviendra *irritum* et ne pourra produire d'effet (3).

---

(1) Dig., L. 29-210, de reg. jur.

(2) Dig., L. 20, § 4, qui test. fac. poss.— Dig., L. 1, § 9, de bon. poss. secund. Tab.

(3) Dig., L. 6, §§ 5, 6, de inj. rupt.—Dig., L. 19, qui test. fac. poss.

Quant au temps intermédiaire qui s'écoulait entre la confection du testament et la mort, le testateur, d'après le droit rigoureux, devait toujours conserver l'attribution légale du droit, il ne devait jamais la perdre. Si ce droit avait cessé d'exister en lui un seul instant, son testament devenait inutile, alors même qu'au moment de sa mort il eût recouvré la capacité la plus complète. Le droit prétorien apporta des modifications à ces principes pleins de rigueur; aussi Ulpien, formulant l'état du droit sur ce point à son époque, disait-il : *Solemus dicere media tempora non nocere* (1).

CHAPITRE II.

DE LA CAPACITÉ DE RECEVOIR PAR TESTAMENT.

Le principe de la capacité, sous le rapport de l'institution d'héritier, qui est le mode d'acquérir l'universalité des biens corporels et incorporels que laisse une personne à son décès, est ainsi posé par Ulpien : *Heredes institui possunt qui testamenti factionem cum testatore habent* (2). Pour les legs, qui sont un moyen d'acquérir des objets particuliers, et qui sont une sorte de donation laissée par testament, le même

(1) Dig., L. 6, § 2, de inj. rupt.—Inst. quib. mod. test. inf.
(2) Ulp., t. 22, § 1.

principe est reproduit par le paragraphe 24 des Instituts en ces termes : *Legari autem illis solis potest,
cum quibus testamenti factio est.* C'est de la *testamenti
factio*, prise au point de vue passif, dans le sens de
capacité de recevoir, et non pas de celle de disposer,
que nous parlent ces textes. L'une est complétement
indépendante de l'autre, comme l'indique très-bien
la loi 16, au Digeste, *qui testam. fac. poss.;* aussi ne
faut-il pas s'étonner de ne point voir figurer parmi
les incapables de recevoir, ceux que la loi a déclarés
incapables d'avoir ou de faire un testament. Le fils
de famille, l'esclave d'autrui, le sourd, le furieux,
quoiqu'ils ne puissent faire un testament, sont
cependant capables de recevoir, aptes qu'ils sont à
acquérir pour eux ou pour ceux sous la puissance
desquels ils se trouvent (1).

Quant au fidéicommis, ce moyen ingénieux in-
venté par les Romains pour se soustraire aux rigueurs du droit civil, aucune capacité, dans le principe, n'était exigée pour pouvoir en bénéficier. Créée
précisément en vue de se soustraire aux incapacités
prononcées par le droit civil, pour arriver à transmettre soit l'hérédité, soit un objet particulier à
celui qui, selon le droit rigoureux, ne pouvait être
institué ni héritier ni légataire, cette disposition
précative, par son but et sa nature même, abandonnée à la foi et à la conscience de celui chargé de
restituer, n'était et ne pouvait être l'objet d'aucunes

---

(1) Dig., L. 16, qui test. fac. poss.

règles spéciales. Un citoyen romain voulait-il avantager un pérégrin (1), une personne incertaine, les pauvres, les dieux, un déditice, un Latin junien, un célibataire, un homme sans enfants, tous incapables, soit d'après le droit civil, soit d'après les lois qui, à partir de l'empire d'Auguste, étendirent le cercle des incapacités, il avait recours au fidéicommis, précisément pour éluder et frauder la loi. Reconnus d'abord par l'assentiment commun et l'opinion publique, qui jetait le blâme sur ceux qui n'exécutaient pas cette dernière volonté, cette suprême prière d'un mourant; consacrés, dans certains cas spéciaux, par l'empereur Auguste, qui ordonna aux consuls de les faire exécuter, les fidéicommis devinrent, à partir de cette époque, un véritable mode d'acquérir, sinon du droit civil, du moins du droit prétorien; et telle fut la faveur dont ils furent entourés, qu'un préteur spécial fut créé, chargé exclusivement de cette juridiction, et nommé fidéicommissaire (2).

On put donc, à partir de cette époque, ouvertement et valablement faire par fidéicommis des dispositions qui, nulles rigoureusement, avaient cependant leur effet par l'intervention du préteur.

---

(1) Gaïus nous apprend que l'origine des fidéicommis, que beaucoup font remonter et attribuent à la nécessité et au besoin de se soustraire aux incapacités des lois caducaires, est beaucoup plus ancienne, et serait plutôt la conséquence de l'incapacité de l'étranger. C. 2, § 284.

(2) Inst., liv. 2, t. 23, § 1.

Mais bientôt ce système fut lui-même réglementé ; les incapacités de recevoir du droit civil furent successivement étendues aux fidéicommis, d'abord par le sénatus-consulte pégasien, porté sous le règne de Vespasien, en ce qui concernait les citoyens restés célibataires ou sans enfants ; en second lieu par une constitution d'Adrien, pour les pérégrins, les personnes incertaines et le posthume externe (1). Certaines différences subsistèrent bien encore entre les legs et les fidéicommis, en faveur des dispositions faites au profit des Latins juniens et des femmes frappées par la loi Voconia (2) ; mais ce n'était plus que des exceptions, tellement rares que de son temps Ulpien pouvait dire : *Fideicommissa dari possunt his quibus legari potest* (3).

Nous pouvons donc dire désormais et d'une manière générale, sans distinguer entre les institutions d'héritiers, les legs et les fidéicommis, que, pour être capable de recevoir, il faut avoir la faction de testament.

Les incapacités d'être institué héritier sont, en droit romain, nombreuses et de diverses sortes :

Les unes sont absolues ; ceux qui en sont frappés ne peuvent être institués par aucun testateur, ne peuvent rien recevoir par testament : tels sont ceux qui sont privés de la liberté ou de la cité, sans avoir

(1) Gaïus, Com. 2, §§ 284 et suiv.
(2) Gaïus, Com. 2, §§ 275-276.
(3) Ulp., t. 25, § 6.

de maître dont ils empruntent la capacité, les pérégrins, les déditices, les déportés, les personnes incertaines ; d'après le droit impérial, les apostats,
les hérétiques, etc.

Les autres sont relatives ; ceux qu'elles atteignent
sont seulement privés de la faculté d'être gratifiés par certaines personnes : telle est l'incapacité
des femmes, depuis la loi *Voconia*, des enfants
naturels et incestueux, de l'esclave accusé d'adultère avec sa maîtresse.

D'autres sont partielles, en ce sens que ceux en
qui elles se rencontrent ne peuvent recueillir
qu'une portion de ce qui leur a été légué, tout en
pouvant être relatives en même temps que partielles : telles sont les incapacités qui frappent les
hommes mariés qui n'ont pas d'enfants, les enfants
naturels en concours avec des enfants légitimes, et
le second conjoint en présence d'enfants d'un premier lit.

D'autres enfin avaient un caractère spécial, et
n'empêchaient de recevoir que si l'institué n'avait
pas changé de condition dans un certain délai :
telles étaient les incapacités qui atteignaient les
Latins juniens, les célibataires, les personnes mariées privées d'enfants, dont nous avons déjà parlé ;
incapacités qui, tout en admettant la validité de l'institution *ab initio*, l'anéantissaient si, dans un certain délai, elles n'étaient pas purgées et disparues.

Ces incapacités sont loin d'avoir toutes coexisté ;
plusieurs se sont longtemps maintenues ; quelques-

unes n'ont jamais été que tempérées ; d'autres n'ont fait que passer ; la plupart se sont succédé les unes aux autres. C'est à nous qu'il appartient de les énumérer et d'en faire connaître le caractère.

SECTION PREMIÈRE.

DES INCAPACITÉS ABSOLUES.

§ Ier.

Des pérégrins. — Des esclaves de la peine. — Des déportés. — Des déditices. — Des hérétiques et apostats.

I. — L'incapacité absolue des pérégrins était une conséquence nécessaire de la constitution romaine, si exclusive, si jalouse de conserver aux citoyens seuls les prérogatives du droit civil. Mode d'acquérir du droit civil, le testament ne pouvait transmettre aucun droit à ceux qui en étaient privés, ou qui, quoique admis à exercer certains démembrements du droit civil à eux concédés, n'avaient point été assez favorisés pour obtenir jusqu'à la faction de testament (1). Cette incapacité disparaît chaque jour par la perte que le titre de citoyen romain éprouve de sa valeur et de son importance. Chaque jour les concessions du titre de citoyen sont faites

(1) Ulp., t. 22, § 2.— L. 1, C. de hered. inst.

soit à des particuliers, soit à des villes (1), jusqu'au jour où Caracalla déclare citoyens romains tous les sujets de l'empire (an de Rome 965), et leur confère par suite toutes les prérogatives du droit civil (2). Il y eut bien sans doute encore des pérégrins, mais pas dans la véritable acception que ce mot avait primitivement ; il n'y eut plus d'étrangers que les ennemis, ceux avec lesquels le peuple romain était en lutte, et les barbares, les peuples dont la patrie est située au delà des limites de la civilisation et de la géographie romaine ; eux seuls sont et restent toujours incapables de recevoir par testament.

II. — A l'étranger étaient assimilés les déditices, ces affranchis de classe inférieure, assimilés eux-mêmes aux peuples qui s'étaient rendus à discrétion, et auxquels on n'avait laissé que la liberté et l'exercice des droits naturels. Ils ne peuvent recevoir par testament, dit Ulpien, parce qu'ils sont étrangers, lesquels n'ont pas eux-mêmes la faction de testament (3). La seconde classe d'affranchis, les Latins juniens, mieux traités, ayant certaine participation au droit civil, n'avaient point la faction de testament, mais se trouvaient dans une position particulière, dont nous parlerons ci-après. Capables d'être institués, ils ne pouvaient recueillir que s'ils

(1) Ortolan , Hist. de la législ. rom., 4ᵉ édit., p. 237.
(2) Dig., L. 17, de stat. homin.—Novelle 78, chap. 5.
(3) Ulp., t. 22, § 2.—G., c. 1, § 25 et suiv.—G., c. 3, § 74 et suiv.

avaient changé d'état dans un certain délai, et s'ils étaient devenus citoyens.

Cette incapacité de recevoir qui frappait les déditices, et aussi d'une manière partielle les Latins juniens, disparaît à son tour, après s'être conservée jusqu'à Justinien. Cet empereur supprime toute distinction entre les affranchis; il n'est plus question, de son temps, ni de déditices, ni de Latins juniens ; tous les affranchis sont citoyens romains , tous sont aptes à être institués héritiers et capables de recevoir par testament.

III. — Cette participation aux droits civils, indispensable pour recevoir par testament, explique bon nombre de restrictions que nous remarquons attachées comme peines accessoires à certaines condamnations. Ceux qui sont condamnés *in metallum*, *ad opus metalli*, *ad bestias*, *ad gladium*, deviennent esclaves de la peine, *servi pœnæ ;* ils ne peuvent rien recevoir par testament, parce qu'ils sont esclaves sans doute, et qu'ils n'ont pas de maître du chef duquel ils puissent acquérir (1). Mais une autre raison de leur incapacité, c'est qu'ils perdent le droit de cité ; et ce motif est tellement vrai et capital, qu'il subsiste à l'abrogation de la perte de la liberté attachée à ces condamnations (2). Si le condamné, alors qu'il reste libre, ne peut cependant acquérir

(1) Dig., lib. 34, t. 8, l. 3.
(2) Nov. 22, chap. 8.

par testament, c'est qu'il est privé du droit de cité, ἀπολιδες, dit la loi 17, au Dig., *de pœnis*. Un motif d'humanité avait cependant fait admettre qu'on pouvait leur léguer des aliments, mais rien au delà : telle était la disposition de la loi 3, Dig., *de his quæ pro non scriptis habentur*.

IV. — Ceux qui étaient condamnés à une peine emportant mort civile ou confiscation des biens étaient incapables des effets civils, par conséquent incapables de toutes sortes de dispositions, si ce n'est celles qui leur sont faites pour cause d'aliments, ou qui leur sont adressées par des militaires (1). Mais pourquoi ce surcroît de peine, qui venait ainsi frapper les déportés en les privant de recevoir ? Inutile question, à laquelle dix siècles ont déjà répondu, quand un empereur la résoud dans la loi 5, au Code, *de hæred. inst.* : c'est parce qu'ils sont pérégrins.

V. — Si l'institution dont est gratifié un captif chez l'ennemi tombe s'il ne revient pas, c'est qu'il est esclave, et esclave d'un pérégrin, pour lequel il ne peut acquérir, puisque son maître n'a pas faction de testament (2). Pourquoi le transfuge est-il incapable de recevoir par testament, si ce n'est parce qu'il est devenu étranger, *hostis*, comme le dit la loi 5, Dig., *de capite minutis ?*

Pour terminer l'énumération des incapacités de

---

(1) Dig., L. 10, de interd. et releg.— L., 13, § 2, de testam. milit.

(2) Dig., L. 32, § 1, de hered. inst.

l'ancien droit, nous devons mentionner, pour mé-
moire seulement, celle qui résultait de l'infirmité du
sourd et du muet; l'un, parce qu'il ne pouvait entendre les paroles de la mancipation; l'autre, prononcer les paroles qui accompagnaient l'achat du
patrimoine. Ces deux incapacités, qui n'étaient
causées que par les rigueurs d'un formalisme trop
strict et trop sévère, n'avaient pas tardé à disparaître
avec la nécessité pour le testateur de manciper son
patrimoine, et pour l'héritier de l'acheter (1).

VI. — A côté des incapacités établies par le droit
primitif, et dont plusieurs subsistent encore sous
Justinien, il en existait d'autres aussi absolues que
les premières, qui furent créées par les empereurs.
L'ardeur d'un christianisme mal entendu, encore
plus mal pratiqué, qui de persécuté s'était fait into-
lérant et tyrannique, créa de nouvelles catégories de
citoyens absolument privés du droit de recevoir par
testament. Les hérétiques, ou du moins certaines
sectes énumérées dans les constitutions : les mani-
chéens, les donatistes, les juifs, étaient frappés de la
double incapacité de tester et de recueillir par testament (2). La même prohibition était portée contre
les apostats; excommuniés du droit civil comme de
l'Église qu'ils ont abandonnée, rien ne peut leur être
commun avec une société qu'ils ont outragée du
scandale de leurs crimes. Le repentir ne leur est pas

(1) Dig., L. 1, § 1, de hered. inst.
(2) C., L. 4 et 5, de hæretic.—L. 4., de Judæis.

même permis, et sera impuissant à leur restituer cette capacité qu'ils ont perdue volontairement, en se retirant du sein de Dieu pour se livrer aux souillures de l'athéisme, du paganisme ou de l'hérésie (1).

VII. — Les enfants mâles de ceux qui étaient condamnés pour crime de lèse-majesté n'étaient pas plus humainement traités; victimes responsables de la faute et de l'infamie de leur père, ils étaient voués à une misère qui ne devait jamais finir; ils étaient dépouillés de la succession de tous leurs proches, et ne pouvaient rien recevoir par testament, pas même des aliments; heureux sont-ils encore qu'on leur conserve la vie!

A l'égard des filles, la loi était moins rigoureuse; par compassion pour la faiblesse de leur sexe, elle leur conservait une portion de biens dans la succession de leur mère; elle leur permettait d'acquérir quelque chose pour leur servir d'aliments (2).

VIII. — Une constitution de Gratien, Valentinien et Théodose (an 380 J.-C.), qui fait l'objet de la loi 1re, Code, *de secundis nuptiis*, notait d'infamie la femme veuve qui se remariait dans l'année de deuil, l'excluait de toutes les successions *ab intestat* de ses parents au delà du troisième degré, et la déclarait incapable de toutes sortes de libéralités testamentaires ou à cause de mort, à titre universel ou particulier.

(1) C., L. 1. de apost.
(2) C., L. 5, ad legem Juliam Majest.

La novelle 22, chap. 40, déclara la loi 1re C. *de nuptiis* applicable à la femme qui, après avoir accepté la tutelle de ses enfants, prêté serment de ne point se remarier, convolait à de secondes noces, même après l'année de deuil, mais sans avoir fait pourvoir de tuteur ses enfants encore pupilles, rendu compte de son administration, et payé le reliquat dont elle était débitrice.

La même peine, les mêmes incapacités de recevoir étaient encore encourues par la femme qui malversait durant l'année de son deuil, celle qui accouchait dans le onzième mois depuis la mort de son mari, parce que l'enfant ne pouvait pas être le fruit des œuvres du mari, mais l'effet de son incontinence (1).

§ II.

Des personnes incertaines.

Du premier venu. — Des villes et corporations. — Des pauvres, des dieux, des églises. — Des posthumes.

I. Les incapacités absolues de recevoir s'étendaient encore aux personnes, soit physiques, soit morales, que le testateur n'avait pas eues en vue d'une manière positive, qu'il n'a pu se figurer. Pour instituer un

(1) Novelle 39, ch. 2.

héritier notamment, il faut avoir conscience de
celui qu'on se choisit pour successeur; aussi Ulpien
formule-t-il ce principe constant en droit romain,
que les personnes incertaines ne peuvent être instituées héritières : *incerta persona hæres institui non
potest, quoniam certum consilium debet esse testan-
tis* (1). Gaïus émet la même maxime en ce qui concerne les legs : *incertæ personæ legatum inutiliter
relinquitur* (2). On entend par personnes incertaines, dit ce même jurisconsulte, celles sur lesquelles le testateur ne peut avoir aucune idée précise : tel est le legs au profit du premier citoyen qui
viendra à mes funérailles, de celui qui épousera la
fille du testateur, qui le premier sera nommé consul.
Mais l'incertitude disparaissait lorsqu'une certaine
démonstration accompagnait la désignation de la
personne incertaine ; lorsque la personne, incertaine
par elle-même, se trouvait comprise parmi des personnes d'une certaine qualité : tel est celui de mes
cognats actuellement vivants qui le premier assis-
tera à mes funérailles (3). On ne pouvait non plus,
et à plus forte raison et d'une manière plus stricte,
faire don de la liberté à une personne incertaine,
même de la dernière classe dont nous venons de
parler, parce que la loi *Furia Caninia* exigeait que
les esclaves affranchis fussent nommément désignés.

(1) Ulp., t. 22, § 4.
(2) G., c. 2, § 238.
(3) G., c 2, § 238 et suiv.

Il en était de même de la dation d'un tuteur, qui avait des conséquences trop graves, imposait des devoirs trop sérieux, pour qu'on pût désigner le premier venu que le testateur ne connût pas parfaitement (1).

Les rigueurs de l'ancien droit avaient été successivement modifiées par l'usage, et pourvu que les personnes incertaines pussent être connues par quelque événement, comme celui qui épousera ma fille, ceux qui signeront mon testament, on validait les dispositions faites à leur profit. Justinien nous apprend en effet que de sages réformes avaient été introduites sur ce point, et il ajoute qu'il avait fait une constitution pour abroger complétement les subtilités du droit primitif. Cette constitution, dont on ne retrouve au Code que des fragments, valida même le legs de la liberté fait à des personnes incertaines, et ne maintint la décision que donnaient les jurisconsultes anciens que pour le cas de la dation d'un tuteur (2).

II. — Parmi les personnes incertaines, on comprenait les villes, les colléges, les corporations, qui cependant étaient pour le testateur des êtres parfaitement déterminés; seulement la personnalité juridique des cités, des personnes morales, n'est encore, à cette époque, qu'une idée vague et confuse, qui ne

(1) G., c. 2, § 239-240.
(2) Dig., l. 14, de reb. dub. — Inst., § 25, de legat. — C., lib. 6, t. 18, const. unic.

permet pas de les envisager comme capables d'être
instituées héritières. Ce n'est que par exception, par
faveur, que les villes pouvaient être instituées par
leurs affranchis et recueillir des fidéicommis (1).
En 469, le droit cessa de présenter ces divergences ;
une capacité absolue fut octroyée aux villes de recevoir toute espèce de succession testamentaire, par
une constitution de l'empereur Léon (2).

Pour les legs, que ces mêmes villes et corporations
ne pouvaient valablement recevoir, leur incapacité
avait plus tôt disparu : Nerva d'abord, Adrien ensuite,
accorda d'une manière générale à toutes les villes de
l'empire le droit de bénéficier des legs qui leur seraient adressés (3). A partir de cette époque, on voit
les collèges, les temples et même les villages investis
du même droit et du même privilége (4). Il fallait
toutefois, pour que les collèges, corporations et confréries fussent capables, qu'ils eussent été autorisés
et qu'ils eussent obtenu un privilége spécial, soit du
prince, soit du sénat (5). Sous Justinien, toute trace
d'incapacité des villes et associations de toutes sortes
est anéantie, pourvu qu'il s'agisse d'une corporation
reconnue par l'autorité publique (6).

---

(1) Ulp., t. 22, § 5.
(2) C., L. 12, de hered. inst.
(3) Ulp., t. 24, § 28.
(4) Dig., L. 20, de reb. dub.;—L. 38, § 2, de auro.; — L. 75, de
legat., lib. 1.
(5) C., L. 8, de hered. inst.—L. 20, Dig., de reb. dub.
(6) C., lib. 6, t. 18, L. unic.

Les pauvres, les dieux, c'est-à-dire leurs temples, furent aussi l'objet de prohibitions semblables ; Ulpien nous apprend qu'il n'était pas permis d'instituer pour héritiers toute sorte de dieux ; on ne pouvait faire des libéralités qu'à ceux dont le culte était autorisé, et auxquels il était permis, par des constitutions des empereurs, de faire des institutions : tels que Jupiter Tarpéien, Minerve, Diane d'Éphèse, et autres énumérés par ce jurisconsulte (1). Sous les empereurs chrétiens, et surtout à partir de Constantin, Dieu, Jésus-Christ, les anges, les martyrs peuvent être institués, ainsi que toutes les églises et corps ecclésiastiques (2). La succession laissée à Jésus-Christ est déférée à l'église du lieu où a vécu le testateur. L'hérédité donnée à un martyr, à un saint, à un ange, appartient à l'église qui leur est consacrée dans la ville du défunt ou à celle qui est proche, ou, s'il y en a plusieurs, à celle que le testateur a fréquentée le plus souvent de son vivant ; enfin, si on l'ignore, à celle dont les besoins appellent surtout ce secours (3).

Les pauvres purent aussi être institués héritiers sous les empereurs chrétiens ; c'est, dans ce cas, l'hôpital du lieu qu'habite le testateur qui prend la succession ; s'il s'en trouve plusieurs, les biens vont au moins riche, selon la décision de l'évêque et du

(1) Ulp., t. 22, § 6.
(2) C., l. 1, de sacrosanct.
(3) C., l. 26, de sacrosanct.

clergé, qui les partagent aux pauvres, quand il n'y a pas d'hospice. C'était l'évêque qui se chargeait aussi de l'hérédité laissée aux captifs, et qui employait les fonds légués par le testateur à racheter leur liberté (1).

Telle est la capacité des églises, corporations, établissements publics et religieux, sous Justinien, qui, en confirmant la constitution de Constantin. notamment dans la novelle 131, chap. 9 et 12, en approuvant toutes constitutions antérieures, surtout celles rapportées dans les lois 14, 22 et 23, Code *de sacrosanct. eccles.*, reconnut à toutes les congrégations et communautés ecclésiastiques la capacité la plus absolue pour recueillir des libéralités particulières ou universelles, mobilières ou immobilières.

III. — L'incapacité la plus importante qui découlait de ce principe qu'on ne pouvait instituer les personnes incertaines, était assurément celle qui frappait les posthumes, c'est-à-dire, dans le langage vulgaire, et comme le dit Ulpien, ceux qui naissent après la mort de leur père : « *Postumos autem dicimus eos duntaxat qui post mortem parentis nascuntur* (2). »

A l'origine, aucune limite n'était apportée au pouvoir absolu qu'avait le père de famille de disposer de son hérédité. Ni les liens du sang, ni ceux qui dérivaient de la puissance paternelle n'étaient suscep-

---

(1) C., L. 49, § 2, de episc. et cler.
(2) Dig., L. 3, § 1, de inj. rupt.

tibles de mettre une limite au droit de tester. Plus
tard la jurisprudence, cédant aux besoins de l'équité
et de la raison naturelle, envisageant le droit des
enfants sur les biens du père de famille comme un
droit de copropriété, imposa au père de famille
l'obligation, sinon d'instituer les enfants directement soumis à sa puissance, *sui hæredes*, du moins
de les exhéréder sous peine de nullité de son testament (1). Alors, dans l'application de ce principe se
manifesta une conséquence funeste pour la validité
du testament, de la naissance de l'enfant qui, simplement conçu du vivant du testateur, se trouvait *suus
hæres*, directement soumis à la puissance du père de
famille ; tel était l'enfant dont le testateur en mourant laissait sa femme enceinte, ou bien un petit-fils
dont sa bru, déjà veuve, était enceinte au moment
de sa mort, et dont elle accouchait après son décès.
Le testament, quoique valable *ab initio*, se trouvait
rompu par l'agnation de cet héritier sien, qu'il
aurait fallu exhéréder, et qu'on ne pouvait instituer,
puisqu'il était une personne incertaine. Pour éviter
cette chance pour le testateur de mourir intestat, on
permit d'exhéréder les enfants posthumes qui, au
moment de leur conception, se trouvaient sous la
puissance immédiate du père de famille, ou même
ceux qui, sans être dans cette position, pouvaient
devenir *sui hæredes* au moment de leur naissance ;
tel l'enfant dont nous avons parlé ci-dessus, le petit-

(1) Ulp., t. 22, § 16.—Dig., lib. 28, t. 2, L. 7.

fils qui, au moment de sa conception, ne se trouvait
pas *suus hœres* du testateur, puisqu'il était devancé
dans la famille par son père, mais qui pouvait être
soumis à la puissance immédiate du testateur, au
moment de sa naissance, par le prédécès de son
père. A partir de cette époque, on divisa les posthumes en deux classes : les posthumes siens, ceux
qui devaient naître parmi les héritiers siens du testateur, et les héritiers étrangers, c'est-à-dire tous
les autres, fussent-ils membres de la famille. Les premiers pouvaient être exhérédés, par suite institués ;
les autres étaient toujours des personnes incertaines
et ne pouvaient être gratifiés (1).

Une fois entrés dans cette voie, les jurisconsultes ne
pouvaient manquer d'étendre la capacité des enfants
qui, quoique non encore nés au décès du testateur, ou
plutôt parce qu'ils n'étaient pas encore nés, devaient
être plus utilement protégés dans l'acquisition des
droits qui pouvaient leur être conférés. La loi Junia
Velleia (an de R. 763) assimila aux posthumes siens,
qui ne venaient au jour qu'après la mort du testateur,
et étaient héritiers siens, ceux qui même venant à
naître du vivant du testateur, se trouvaient directement soumis à sa puissance ; et cela quoique le motif qui avait fait admettre la possibilité d'exhéréder les
posthumes siens ou de les instituer, c'est-à-dire la
rupture irrémédiable du testament, n'existât plus

---

(1) Ulp., t. 22, § 19. — G., t. 2, § 241. — Dig., l. 20, de lib. et
posth.

dans cette circonstance, puisque le testament, quoiqu'anéanti par l'agnation de cet héritier sien, pouvait être refait par le testateur encore vivant. Ces posthumes qu'il fut aussi permis d'instituer furent appelés quasi-posthumes velléiens (1).

Les autres posthumes, *extranei*, autres que ceux dont la doctrine et la loi Velleia s'étaient occupées, ne cessèrent pas d'être frappés de l'incapacité primitive, même ceux qui étaient conçus au moment de la confection du testament ; aucun d'eux ne pouvait être institué ni recevoir un legs. Un sénatus-consulte du temps d'Adrien leur enleva jusqu'à la capacité de recevoir par fidéicommis (2). Le préteur avait bien corrigé les rigueurs du droit rigoureux en leur accordant la *bonorum possessio secundùm tabulas*, en vertu d'une institution nulle d'après le droit civil (3) ; mais cette possession n'était pas toujours utile, en présence de la réclamation de l'héritier. Ce fut Justinien qui, de même que pour les autres personnes incertaines, décida, dans une constitution rappelée dans les Instituts, que les posthumes externes seraient entièrement capables de recevoir par testament, à moins que l'enfant ne fût dans le sein d'une mère avec laquelle le testateur n'eût pu se marier ; ce qui doit s'entendre du posthume conçu des

(1) G., c. 2, § 130.—Ulp., t. 22, § 19.
(2) G., c. 2, § 287.
(3) Inst., liv. 3, t. 19, princ. rapproché du § 28 de legat. — Dig., l. 3, de bon. poss. secund. Tab.

œuvres du disposant, et dont la naissance aurait été le fruit de l'adultère ou de l'inceste (1).

SECTION II.

DES INCAPACITÉS RELATIVES ET PARTIELLES.

Des femmes (loi Voconia). — Des concubins. — Des enfants naturels et adultérins.— Des seconds conjoints.

De toutes les incapacités relatives que nous avons à examiner, la plus ancienne, la plus célèbre est assurément celle dont furent frappées les femmes dans les dernières années de la république, incapacité prononcée contre elles par la loi Voconia (an de R. 585).

Dans les temps les plus reculés de l'histoire romaine, on ne rencontre aucun monument qui puisse faire soupçonner que les femmes aient été l'objet d'une incapacité particulière d'être instituées; il faut arriver jusqu'à Caton avant de rencontrer des mesures législatives restrictives à leur égard. Pour mettre un frein au luxe, qui chaque jour augmentait par suite des trop grandes richesses dont jouissaient les femmes ; pour soutenir l'influence et la splendeur des grandes et anciennes familles, qui de plus en plus s'affaiblissaient par suite des mariages des

(1) Inst., § 28, de legatis.— Dig., L. 9, § 1, de lib. et posthum.

femmes, qui transportaient ainsi des fortunes considérables dans des familles étrangères ; pour dimi-
nuer et anéantir la prépondérance que les femmes
acquéraient sur leurs maris, que par leur argent elles
soumettaient à leur puissance et à leurs caprices ;
pour sauver enfin la république qu'il croyait mena-
cée, cet homme au caractère et au langage rudes et
austères parvint à faire adopter dans ce but une loi
rejetée quelques années auparavant, sous le tribunat
de Voconius Saxa.

La loi Voconia ne se préoccupa point de la capacité de la femme quant au droit de recevoir par donation entre-vifs ; l'intérêt de celui qui se dépouille
de son vivant était une garantie suffisante pour
qu'on n'eût point à craindre des excès de libéralités.
Elle ne toucha pas davantage aux successions dévo-
lues par la loi ; elle ne régla que la capacité d'être
instituée et de recevoir des dispositions à titre de
legs. Les citoyens inscrits sur les tables du cens pour
une fortune de 100,000 as ou plus, ne pouvaient instituer aucune femme pour héritière, fût-elle leur
femme ou leur fille : tel était le premier chef de ce
plébiscite. Un second était nécessaire pour empêcher
les fraudes qui pouvaient être commises par les legs
nombreux qui pourraient être adressés aux femmes
par le même citoyen, qui ainsi arriverait à leur
transmettre la totalité de sa fortune ; ce second chef
prononça contre la femme l'incapacité de recevoir
à ce titre une portion plus forte que celle laissée à

l'héritier, laquelle, par suite, ne pouvait dépasser la moitié des biens (1).

Cette première rigueur apportée par la loi Voconia est bientôt accompagnée d'une seconde que la jurisprudence fit découler naturellement et comme conséquence nécessaire de cette loi elle-même. De même qu'elles ne pouvaient être instituées héritières par une certaine classe de citoyens, de même les femmes furent rejetées de la succession de leurs agnats, à moins qu'elles n'invoquent, à l'égard du défunt, la qualité de sœur consanguine (2).

Cette loi violait trop ouvertement les lois de la nature, blessait trop gravement les sentiments qui se trouvent au plus profond du cœur de l'homme, l'amour conjugal, l'amour paternel ; entravait trop ostensiblement la liberté civile de disposer par testament, dont étaient si jaloux les Romains ; était trop pleine d'injustices (3), pour que promptement on ne trouvât pas des moyens d'éluder ses dispositions. Comme la loi Voconia n'enlève la capacité de disposer au profit des femmes qu'à ceux qui sont inscrits sur le cens pour une fortune de 100,000 as, le citoyen n'hésitera pas, il ne se fera pas inscrire ;

(1) G., c. 2, §§ 226, 274.

(2) Paul. Sent., lib. 4, t. 8, § 22.— Ulp., t. 26, § 6.—Inst., lib. 3, t. 2, § 3.

(3) Cicéron, De republ., lib. 3, cap. 5 : Quæ quidem ipsa lex, utilitatis virorum gratia rogata, in mulieres plena est injuriæ. — Saint Augustin, Cité de Dieu, liv. 3, chap. 21, émettait ainsi son avis sur cette même loi : Qua lege quid iniquius dici aut cogitari possit, ignoro.

il préférera par cette omission être compris dans la
dernière classe, mais du moins il pourra disposer
au profit de celle que son cœur aura agréée et choi-
sie. Un autre moyen pour frauder la loi, plus puis-
sant et plus facile encore, sera l'usage des fidéicommis, qui à cette époque commencent à être autorisés
et bientôt consacrés (1). De tous côtés la loi Voconia
est battue en brèche : Aulu-Gelle nous la montre
emportée par l'opulence de Rome (2); il aurait dû
dire par la force des sentiments humains révoltés;
et si Gaïus nous la donne encore comme une loi qui
existe, elle est sans effet, c'est un fantôme, une lettre
morte dans la législation.

II.—A Rome, le concubinage, autorisé, réglementé,
ainsi qu'il est expliqué au Digeste, *de concubinis*,
lib. 25, t. 7, ne pouvait être une cause d'incapacité
même relative. Les concubins entre eux pouvaient
se faire telles libéralités qu'ils jugeaient convenables ; ils jouissaient d'une liberté complète que n'a-
vaient même pas les époux, qui, ainsi que nous
l'apprend Ulpien, L. 1, Dig., *de donat. inter vir. et
uxor.*, n'avaient point le droit de se faire valables
donations pendant le mariage. Ils pouvaient s'instituer héritiers et recevoir, à plus forte raison, les legs
qu'ils pouvaient se faire réciproquement (3). Les
femmes avec lesquelles on entretenait un commerce

(1) G., c. 2, § 274.
(2) Aulu-Gelle, t. 20, §. 1.
(3) Dig., L. 29; — L. 41, § 5; — L. 40, de legat., t. 2.

illicite, même hors du concubinage, appelées méri-
trices, *quæ corporis quæstum faciebant*, étaient elles-
mêmes capables de recevoir toutes sortes de libéralités (1). Il n'y avait que les concubines des soldats,
les femmes qui vivaient en mauvais commerce avec
les militaires, *focariæ*, qui avaient été, par un res-
crit d'Adrien, déclarées incapables de rien recevoir
par le testament de celui avec lequel elles vivaient ;
et cela afin de maintenir la discipline dans les ar-
mées et d'empêcher que la solde des militaires ne
fût convertie en débauches ou en libéralités perni-
cieuses (2). Sauf cette exception, les concubins,
comme nous l'avons dit, avaient pleine capacité
pour se faire des libéralités; car il faut bien se garder de confondre la concubine avec la *focaria*, à
laquelle, de nos jours, ont été assimilées toutes
celles qui, hors mariage, entretiennent des relations
déshonnêtes.

Ce droit illimité pour les concubins de se faire des
libéralités fut cependant restreint par les empereurs
chrétiens. Justinien, dans la novelle 89, chap. 12,
qui fixe le dernier état de la jurisprudence, décida
que celui qui aurait des enfants légitimes ne pourrait laisser à sa concubine qu'une demi-once, ou la
vingt-quatrième partie de ses biens, tout en reconnaissant, dans le cas de mort sans enfants, la capa-

(1) Dig., L. 5, de donat.
(2) Dig., L. 14, de his quæ ut indign. auf.— L. 41, de testam.
milit.

cité au concubin de disposer de la totalité de sa fortune au profit de son concubinaire, sauf la légitime
des ascendants (1).

III. — Les enfants naturels, *naturales liberi*, qui
étaient le fruit du concubinage, qui étaient nés d'une
femme que le père gardait dans sa maison et qui
lui tenait lieu d'épouse, ne paraissent pas, dans le
droit ancien du Digeste, avoir été soumis à aucune
incapacité de recevoir.

Le droit du Code restreignit leur capacité de recevoir, et régla leurs droits selon qu'ils étaient en
présence de tels ou tels parents de leur père testateur. En 403, Arcadius et Honorius n'accordent le
droit de les instituer que pour un douzième, lorsqu'ils se trouvent en concours avec un ou plusieurs
enfants légitimes ou la mère de ces derniers. Ils
peuvent recevoir le quart de l'hérédité, trois onces,
si le concours n'a lieu qu'avec des parents autres que
ceux ci-dessus désignés, droit qui fut porté, dans ce
cas, par Justinien à la moitié de tous les biens laissés
par le testateur (2). Enfin, par la novelle 89, chap. 12,
§ 2 et 3, le même empereur maintint le droit au
douzième de l'hérédité pour lequel l'enfant naturel
pouvait être institué, en présence d'enfants legitimes,
et permit de les instituer pour le tout en toutes
autres circonstances, sauf le prélèvement de la légitime qui pouvait être due aux ascendants survivants.

(1) Nov. 80, chap. 12, §§ 2 et 3.
(2) C., L. 2 et 8, de natur. lib.

Les enfants naturels qui étaient procréés du commerce, non avec une concubine, mais avec la première venue, une mérétrice, celle qui se donnait à tous ; qu'on appelait *spurii*, *vulgo concepti*, étaient incapables de toutes libéralités, si ce n'est pour cause d'aliments (1). Quant à ceux qui étaient procréés d'une conjonction réprouvée : *ex nefario coitu*, ceux qui étaient nés d'une personne consacrée à Dieu ou qui avait été ravie ; *ex damnato*, ceux qui naissaient d'une personne avec laquelle le testateur ne pouvait se marier, comme d'un tuteur avec sa pupille, d'un affranchi avec sa patronne ; *ex incesto*, ceux qui étaient le fruit de l'inceste, d'une union entre parents ; ceux enfin qui naissaient du commerce avec une personne engagée dans les liens du mariage, *ex adulterino coitu*, étaient incapables de recevoir aucune libéralité, même pour cause d'aliments (2).

Terminons l'énumération des incapacités relatives de recevoir, créées par les empereurs, en signalant celle qui frappe le second conjoint. Celui qui, convolant à de secondes noces, a des enfants d'un premier mariage, ne peut léguer ou donner à son conjoint qu'une part d'enfant ; et si les enfants sont institués pour des parts inégales, la quotité donnée au second conjoint ne peut dépasser la part de l'enfant qui reçoit le moins, de telle sorte que, dans tous

---

(1) C., L. 1, de natur. lib.
(2) Novelle 89, chap. 15. — L. 6, C. de incestis.

les cas, la légitime des descendants ne soit pas
diminuée (1).

DE L'INCAPACITÉ DE RECUEILLIR.

Après avoir parcouru les principales incapacités
d'être institué, nous avons à signaler et expliquer
les incapacités de recueillir. Cette distinction semble
puérile au premier abord : à quoi bon, en effet, peut-
on se demander, d'établir une différence entre ceux
qui ne peuvent être institués et ceux qui ne peuvent appréhender l'hérédité ; ne sont-ils donc pas
tous privés de l'hérédité, et de la même manière,
puisqu'ils ne peuvent en profiter ni les uns ni les
autres ? Les résultats sont cependant loin d'être les
mêmes : celui qui est incapable d'être institué, et
qui est gratifié par un testament, ne peut jamais bénéficier de la libéralité à lui faite ; n'ayant pas la capacité au moment de la confection du testament, l'institution est nulle *ab initio*, et ne peut jamais valoir,
alors même qu'il aurait acquis, à la mort du testateur,
pleine capacité pour recueillir l'hérédité (2). Qu'un
pérégrin, par exemple, soit institué, il ne pourra jamais bénéficier de l'institution, alors même qu'il

(1) L. 6, C. de secund. nupt.
(2) Inst., lib. 2, t. 19, § 4.

serait devenu citoyen romain, et qu'il jouirait des droits civils à la mort du testateur, et cela parce qu'il est incapable. Ceux, au contraire, qui sont privés du droit de recueillir, d'appréhender l'hérédité, qui n'ont pas le *jus capiendi*, peuvent être valablement institués ; le testament n'est pas nul dans son principe ; il ne deviendra inutile que si l'institué n'a pas changé d'état, n'a pas acquis le droit de recueillir au moment de la mort du testateur, et même, par faveur, dans un certain délai, habituellement de cent jours, fixé par le testateur dans son institution, et appelé délai de crétion (1).

§ Ier.

Latins juniens.

Une première classe de personnes que la loi romaine place dans cette position est formée par les Latins juniens. Nous avons déjà eu occasion de parler de ces affranchis, qui occupaient une position mixte dans la législation, et avaient été admis partiellement à la jouissance des droits civils. Composée de ceux qui avaient reçu le don de la liberté par un mode privé de manumission, ou qui, après la loi Ælia Sentia, avaient été affranchis sans réunir toutes les conditions exigées par cette loi, cette classe de

(1) Ulp., t. 22, § 27 et suiv.—G., c. 2, § 164 et suiv.

libérés de l'esclavage avait été créée et réglementée
par la loi Junia Norbana. Moins favorisés que ceux
qui avaient été l'objet d'une manumission publique,
et qui étaient citoyens romains ; plus heureux que
les déditices, qui étaient privés de toute participation au droit civil, les Latins juniens, en ce qui concerne la faction de testament, étaient privés du droit
de recueillir les legs et hérédités qui leur étaient
laissés, à moins qu'ayant la mort du testateur ou
le délai de la crétion indiqué par le testateur, ils
ne fussent devenus citoyens romains (1).

De nombreux moyens leur étaient ouverts pour
acquérir cette capacité, devenir citoyens romains,
et atténuer ainsi la rigueur du droit à leur égard (2).
L'usage des fidéicommis, qu'ils étaient capables de
recevoir, les institutions conditionnelles autorisées
et faites pour le temps où ils auront obtenu le *jus
capiendi*, ont tellement modifié leur position, qu'ils
jouissaient, en fait, de la même capacité que les citoyens de recevoir par testament, lorsque Justinien,
anéantissant toute distinction entre les affranchis,
conféra à tous le droit de cité, et par suite la capacité de recevoir des libéralités testamentaires.

(1) Ulp., t. 22, § 3.
(2) G., c. 1, § 28 et suiv.—Ulp., t. 3, § 1 et suiv.

§ II.

Des cœlibes *et des* orbi (*lois Julia et Papia Poppœa*).

La seconde incapacité de recueillir que nous rencontrons est celle portée contre les *cœlibes* et les *orbi* par les lois Julia et Papia Poppœa, au commencement de l'empire, lois célèbres connues sous le nom de lois caducaires.

C'est au temps d'Auguste; la population décroît de jour en jour, décimée par les guerres civiles et les proscriptions; nulle espérance de combler les vides par le mariage, car le goût des Romains pour le célibat est de plus en plus prononcé (1). La débauche et la corruption des mœurs ont avili le mariage, et font qu'on ne se marie plus; le danger est sérieux, imminent; il faut essayer de le conjurer. C'est alors qu'Auguste, par les deux lois que nous venons d'indiquer, songea à encourager, à multiplier les mariages, en punissant le célibat et en récompensant la fécondité. Les *cœlibes*, qui, à la mort du testateur ou à l'époque de l'ouverture du testament (2), n'ont pas abandonné le célibat, en sont punis par la privation des hérédités qui leur sont laissées; on leur enlève le *jus capiendi* d'une

(1) Montesquieu, Esprit des Lois, liv. 23, chap. 21.
(2) Ulp., t. 21, § 31.

manière complète; ils ne peuvent rien recueillir (1).
Les *orbi*, les hommes mariés, qui, à la même époque, se trouvent n'avoir pas d'enfants, sont frappés
de la même incapacité, mais d'une manière partielle :
ils sont seulement privés de la moitié des biens qui
leur ont été légués (2).

Comme il ne suffit pas de punir, de prononcer
des déchéances, mais qu'il faut de plus encourager
le mariage et la procréation des enfants, les dispositions caduques (*caduca*), ainsi enlevées à ceux qui
n'avaient pas d'enfants ou étaient célibataires,
étaient, par l'autorité même de la loi, attribuées aux
héritiers et légataires compris dans le testament, et
qui avaient une descendance. Ce n'est point en vertu
du droit d'accroissement qu'ils profitent ainsi des
libéralités frappées de déchéance, mais en vertu
d'un droit nouveau créé par la loi elle-même, appelé
jus caduca vindicandi, et qui fut, à partir de cette
époque, envisagé comme véritable moyen d'acquérir
du droit civil (*ex lege*) (3). S'il y a des légataires conjoints institués, gratifiés par une seule et même disposition, le *jus caduca vindicandi* appartient à ceux
des légataires conjoints qui ont des enfants. S'il n'y
a pas de légataires conjoints, ou si aucun d'eux n'a
ce privilége de la paternité, les *caduca* sont déférés
aux héritiers institués qui sont pères. Si l'héritier

(1) G., c. 2, § 286.
(2) G., c. 2, § 286.
(3) Ulp., t. 19, § 17.

institué est lui-même *orbus*, les autres légataires,
quoiqu'ils ne soient conjoints d'aucune manière,
sont appelés à bénéficier des institutions et dispositions caduques. Ce n'est qu'à défaut de pouvoir rencontrer, dans les personnes comprises dans le testament, une seule ayant la capacité réquise par la loi,
que les *caduca* sont attribués au fisc (1). Mais bientôt, et sous Caracalla, les lois caducaires devinrent
purement fiscales ; on punit bien les célibataires et
les hommes sans enfants, mais on ne récompensa
plus la fécondité ; les *caduca* furent entièrement attribués au fisc, ainsi que nous l'apprend ce passage
d'Ulpien : « *Hodie ex constitutione imperatoris Anto-
nini omnia caduca fisco vindicantur* (2). »

A un autre point de vue, et quoiqu'il ne rentre
pas dans notre sujet d'analyser ces lois célèbres et
de résoudre les nombreuses difficultés qui naissent
de leur application, nous devons mentionner les atteintes qu'elles portèrent à la loi Voconia, si sévère
pour la capacité des femmes, qu'elles abrogèrent
presque en totalité. La femme mariée qui avait un
enfant actuellement vivant et issu du mariage commun pouvait être gratifiée de la totalité de la fortune de son conjoint (3). Par le seul fait du mariage,
matrimonii nomine, pour les récompenser d'avoir
préféré le mariage au célibat, les époux pouvaient

(1) G., c. 2, §§ 206-207.
(2) Ulp., t. 17, § 2.
(3) Ulp., t. 15 et 16, § 1.

réciproquement s'instituer pour un dixième de la totalité de leurs biens. Par chaque enfant né d'un précédent mariage, l'époux devenait capable de recevoir un dixième ; par chaque enfant né du mariage commun, mais décédé après le jour des noms (*nominum dies*), la même quotité pouvait être léguée. La perte de trois enfants donnait aux époux pleine capacité de se donner par testament tout leur avoir (1).

Malgré leurs rigueurs, les lois caducaires ne frappaient pas indistinctement tous ceux qui étaient célibataires ou sans enfants ; elle ne pouvait raisonnablement atteindre ceux dont l'âge les rendait exempts de reproches : tels que le mineur de vingt-cinq ans ou la mineure de vingt ans, l'homme de soixante ans et la femme de cinquante ans, qui, étant mariés, n'ont pu avoir des descendants.

Telles étaient les principales dispositions de ces lois, qui, pour rendre au mariage sa dignité et le remettre en honneur, en avaient fait l'objet d'une honteuse spéculation, en l'imposant avec une prime d'encouragement. Triste moyen que de faire appel à l'avarice et à la cupidité pour anéantir la corruption des mœurs et la débauche, comme si une réforme qui se fonde sur un vice et l'appelle à son aide pour en guérir un autre, pouvait faire autre chose que de développer l'un, sans amoindrir celui qu'on combat ; comme si, en travestissant le mariage en un

(1) Ulp., t. 15 et 16.

marché, un trafic, on pouvait régénérer les mœurs et ramener l'union conjugale en honneur! Malgré leur impopularité et leur inutilité, les lois caducaires restèrent, jusqu'au christianisme, éludées par mille détours : les fidéicommis, les institutions conditionnelles. Mais à ce moment une réaction s'opéra. Caracalla, en attribuant au fisc les dispositions caduques, le *jus caduca vindicandi*, supprime le privilége de la paternité, et porte une première atteinte aux lois *Julia* et *Papia Poppœa* (1). Les peines du célibat sont abrogées par Constantin (2) ; enfin Justinien, achevant l'œuvre de ses prédécesseurs, enlève, dans une constitution fameuse, les dernières traces des lois caducaires (3).

SECTION IV.

DU TEMPS AUQUEL LA CAPACITÉ EST REQUISE.

Après avoir passé en revue quelles personnes sont privées du droit de recevoir par testament, il nous reste à déterminer quelles sont les époques auxquelles la capacité est requise, soit chez l'institué, soit dans la personne du légataire.

Tria tempora inspici debent, dit le § 4, aux Instituts,

---

(1) Ulp., t. 17, § 2.
(2) C., L. 1, de infirmandis pœnis cœlibat.
(3) C., L. unic. de caduc. tollend.

liv. 2, t. 19 ; trois époques sont à envisager : l'époque
de la confection du testament, le moment de la mort
du testateur, et celle de l'adition d'hérédité.

1° *Époque de la confection du testament.* — La
capacité est requise chez l'institué à cette première
époque, et cela afin que l'institution soit valable, *ut
constiterit institutio* (1). Ce principe était une conséquence inévitable du formalisme rigoureux imposé
dans la confection des testaments, *calatis comitiis*, ou
per œs et libram. Pour que l'héritier choisi par le testateur pût être agréé par les comices, ou pour qu'il
pût acheter l'hérédité que le disposant lui transmettait, il fallait nécessairement qu'il fût capable de recueillir l'hérédité au moment même de la confection
du testament. Les formes changèrent; la coopération
de l'héritier à la confection du testament ne fut plus
exigée ; il y resta complétement étranger. Le principe rigoureux n'en subsista pas moins comme une
anomalie qui n'avait plus sa raison d'être.

2° *Époque de la mort du testateur.* — Rationnel-
lement, et dans toutes les législations, dans les testaments comme en toute matière, la capacité de ceux
qui contractent est nécessairement exigée au moment de l'acquisition, de la transmission du droit. Le
testament, essentiellement révocable, ne produit
d'effet que si le testateur a persisté dans son intention première, dans sa volonté exprimée ; sa disposition ne devient certaine et immuable qu'au moment

(1) Dig., L. 40, § 1, de hered. inst. — Inst., § 4, liv. 2, t. 19.

de sa mort. A cette époque donc, l'héritier institué doit être capable, car, pour lui, le droit à l'hérédité s'ouvre à son profit, *dies cedit,* et à partir de ce moment il peut le transmettre à autrui. Si la capacité est nécessaire au moment de la confection pour que le testament soit valable, elle est indispensable à la mort du disposant pour que l'institution produise son effet : *et morti testatoris, ut effectum habeat* (1).

La capacité à ces deux époques est suffisante, lorsque les héritiers institués sont nécessaires, ou siens et nécessaires, l'hérédité leur étant acquise de plein droit aussitôt la mort du testateur ; *sive velint, sive nolint,* ils n'ont besoin d'aucune manifestation de leur volonté pour acquérir les biens laissés par le défunt (2). Pour les héritiers externes, une troisième époque est indiquée, à laquelle ils doivent être capables : c'est l'adition d'hérédité.

3° *Du temps de l'adition d'hérédité.* — Les héritiers externes, c'est-à-dire tous ceux qui ne sont pas soumis à la puissance du testateur, fussent-ils ses propres enfants, ont besoin, pour acquérir l'hérédité qui leur est léguée, de l'accepter, de faire adition d'hérédité. A la mort du testateur, l'hérédité leur est déférée, leur droit est ouvert ; mais il n'est acquis que par l'acceptation qu'ils en font, et s'ils viennent à n'être pas capables au moment de l'adition, le droit

---

(1) D., L. 40, § 1, de hered. inst.
(2) Inst., liv. 2, t. 10, §§ 2, 3, 4.

s'évanouit, ils ne peuvent rien transmettre à leurs successeurs (1).

Quant au temps intermédiaire qui s'écoule entre la confection du testament et le *dies cedit*, la mort du testateur, quelque changement qui survienne dans l'état de l'institué, il n'en est pas moins apte à recueillir l'hérédité, si, au moment où le droit se fixe à son profit, il a recouvré la capacité que momentanément il avait perdue. Que la capacité soit, en effet, exigée au moment de la confection du testament pour que l'institution soit valable, à merveille ; qu'elle soit nécessaire au moment où la succession est déférée, afin que le droit qui s'ouvre trouve quelqu'un qui puisse le recueillir, mieux encore ! Mais, dans l'intervalle, à quoi servirait cette capacité constante? le droit à l'hérédité n'est pas ouvert, il ne peut se perdre; de là ce principe formulé dans la loi 6, § 2, Dig., *de hæred. inst. : Media tempora non nocent* (2).

Si les temps intermédiaires ne nuisent pas, d'après les textes que nous venons de citer, ce principe ne peut s'entendre que de l'intervalle qui s'écoule entre la confection du testament et la mort du testateur, et non du temps compris entre la mort et l'adition d'hérédité. Une fois le droit déféré à l'héritier externe, ce droit, reposant sur sa tête, s'évanouirait

---

(1) D., L. 49, § 1, de hæred. inst.
(2) Dig., L. 59, § 1.—L. 49, in fine, de hæred. inst.

si un seul instant il devenait incapable ; la succession *ab intestat* s'ouvrirait, la succession testamentaire ne serait plus possible.

Tout ce que nous venons d'exposer se rapporte aux institutions pures et simples ; mais que dirons-nous des institutions conditionnelles ? Nul doute qu'il n'est pas nécessaire que l'institué soit capable à l'époque de la mort du testateur. Lorsqu'une institution est subordonnée à une condition, le droit éventuel ne s'ouvre qu'à la réalisation de la condition ; le *dies cedit* n'a lieu qu'à ce moment. Le moment de la mort est donc remplacé, dans les institutions conditionnelles, par celui de l'accomplissement de la condition, époque à laquelle le droit se pose sur la tête de l'institué. La capacité à l'instant de l'adition n'est nécessaire que sous les distinctions que nous avons plus haut établies entre les héritiers externes et les héritiers nécessaires, ou siens et nécessaires. Mais faudra-t-il que l'institué soit capable au moment de la confection du testament ? Du texte de la loi 62, Dig., *de hæredib. inst.*, qui permet d'instituer une personne incapable pour le cas où elle viendra à acquérir capacité ultérieure ; des lois 59, § 4, *de hæredib. inst.*, et 1, § 4, *de regul. cat.*, il nous semble qu'on doit tirer cette conséquence que la capacité n'est requise dans les dispositions conditionnelles, qu'au moment de l'accomplissement de la condition, et nullement à l'époque de la confection du testament.

Après avoir énuméré les époques où la capacité

5

de l'héritier institué était nécessaire, qu'il fût gratifié purement et simplement, ou sous condition, il
nous reste peu de choses à ajouter en ce qui concerne
la capacité des légataires, qui, sous bien des rapports, sont assimilés aux héritiers. D'abord, et en
ce qui concerne les legs purs et simples, ce que l'ancien droit et la force des principes sur les formes
primitives de tester avaient exigé, à savoir la capacité à l'époque de la confection du testament, la
règle de Caton l'appliqua aux legs, mais d'une manière beaucoup moins rationnelle assurément. Même
sous l'empire du testament *calatis comitiis* ou *per
æs et libram*, le légataire ne participait en aucune
façon à la confection des dispositions du testateur ; il
n'y figurait à aucun titre. On ne comprend point dès
lors comment on pouvait requérir la capacité du
légataire à un acte qui lui est complétement étranger et ne lui transmettait aucun droit. Caton l'Ancien, ou peut-être son fils, se plaçant à ce point de
vue que le testament était un acte fait en prévoyance
de la mort, laquelle était chaque jour imminente,
voulut que, pour apprécier la valeur des legs faits
par le testateur, on le supposât mort au moment
même de son testament parachevé ; de là la conséquence que les personnes gratifiées devaient être capables à ce moment même : « *Quod si testamenti facti
tempore decessisset testator, inutile foret, id legatum
quandocunque decesserit non valere* (1). D'après cette

----

(1) Dig., L. 1, de regul. Caton.

règle; le légataire gratifié purement et simplement devait être capable à l'époque de la confection du testament.

Il devait l'être encore au moment de la mort, à l'époque du *dies cedit*, de l'ouverture du droit qui lui était déféré et transmis. A partir du *dies cedit*, l'espérance du droit est irrévocablement fixée; il est transmissible aux héritiers du légataire. A partir de ce moment, le légataire acquiert pour lui, s'il est *sui juris* et capable de recueillir; pour son maître et pour le père de famille sous la puissance duquel il se trouve à cette époque (1). Ce principe, que le *dies cedit* a lieu, dans les legs purs et simples, à la mort du testateur, souffre toutefois diverses exceptions: lorsque le legs consiste dans un droit viager, essentiellement attaché à la personne du légataire, de nature à ne profiter qu'à lui seul, comme l'usufruit, l'usage et l'habitation, il est inutile que le droit s'ouvre avant qu'il puisse être exigé, c'est-à-dire avant l'adition d'hérédité. Dans ces sortes de legs, la capacité du légataire au moment de l'adition d'hérédité suffisait, car la règle catonienne ne leur était point applicable : *Regula catoniana non pertinet ad ea legata, quorum dies non mortis tempore, sed post aditam cedit hæreditatem* (2).

N'oublions pas non plus de mentionner que, sous

---

(1) Dig., L. 5, § 7, quando dies legat. ced.—L. 91, § 3 et 5, de legatis., liv. 1.

(2) Dig., L. 2 et 3, quando dies legat. ced.—L. 3, de regul. Caton.

l'empire des lois *Julia* et *Papia Poppœa*, le droit, quant au *dies cedit*, avait été profondément modifié; ce n'était plus au moment de la mort du testateur qu'il fallait se reporter pour apprécier la capacité du légataire, mais à l'époque de l'ouverture du testament (1).

Les legs conditionnels n'étaient point soumis à la règle catonienne; qu'importait, en effet, pour eux l'époque de la confection du testament? En supposant même l'hypothèse de Caton, le testateur mort aussitôt ses dispositions testamentaires achevées, le legs affecté d'une condition n'a pas été fait pour produire immédiatement son effet, mais seulement à l'accomplissement de la condition. De là cette conséquence qu'il suffisait que le légataire fût capable au moment de la réalisation de la condition (2).

Telles étaient, en résumé, les époques auxquelles était exigée la capacité des légataires et des héritiers.

(1) Ulp., t. 24, § 30.— Dig., L. 8, de regul. Caton.

(2) Dig., L. 3 et 4, de regul. Caton. — L. 8, § 2, quando dies legat. ced.

DROIT FRANÇAIS.

DE LA CAPACITÉ DE DISPOSER ET DE RECEVOIR PAR TESTAMENT.

> La prérogative la plus éminente de la propriété, c'est le droit de la transmettre volontairement, et à titre gratuit.
>
> JAUBERT (*Disc. au Trib.*)

> Il n'est si bel acquet que de don.
> LOYSEL.

De tous les moyens que la nature a mis à notre disposition pour exercer notre bienfaisance, nous attacher le cœur de nos semblables et nous perpétuer dans leur souvenir, le plus facile, le plus fréquent, et cependant le plus solennel, est assurément le testament.

Quoi de plus grave, en effet, que ce droit de tester, de disposer pour le temps où on ne sera plus ! Quoi de plus imposant que l'exercice de cette volonté

mortelle, dictant des lois au delà du tombeau ; à laquelle Leibnitz donnait pour base l'immortalité de
l'âme, et dont Cicéron disait : « *In publicis nihil est
lege gravius, in privatis firmissimum, sit testamentum.* » *Mors omnia solvit :* la mort nous enlève toutes
nos joies ; nous ravit à ceux qui nous sont les plus
chers ; anéantit notre personne ; éteint notre volonté ;
et cependant, douce et suprême consolation du mourant, cette volonté, écho de son dernier soupir et de
sa dernière aspiration, se perpétuera, s'imposera et
réglera les droits de ceux que son cœur aura désignés et choisis.

Attribut naturel, conséquence immédiate du droit
de propriété, qui permet de disposer de sa chose de
la manière la plus absolue, le droit de tester sem-
blerait devoir être sans limites. Mais, pour prévenir
les abus, assurer l'intégrité du testament, émana-
tion de la volonté libre et spontanée par excellence ;
dans l'intérêt des familles, des particuliers et de
l'État, le législateur a dû intervenir pour réglementer ce droit de disposer, et introduire certaines prohibitions contre ceux que l'âge, la position, le caractère rendent indignes ou incapables de disposer
ou de recevoir.

Malgré ces prohibitions, le droit de disposer ou de
recevoir par testament n'en est pas moins commun
à tous. Le principe essentiel qui domine toute cette
matière, c'est que tous les citoyens sont capables,
à moins qu'ils ne soient privés de leur capacité par
un texte précis. « Toutes personnes saines d'entende-

ment, aagées et usant de leurs droits, peuvent disposer par testament et ordonnance de dernière
volonté, » disaient les coutumes de Paris et d'Orléans (1); principe qu'ont de nouveau consacré les
législateurs modernes dans l'article 902 Code Napoléon : « Toutes personnes peuvent disposer et
» recevoir soit par donation entre-vifs, soit par tes-
» tament, excepté celles que la loi en déclare inca-
» pables. » La capacité c'est la règle, l'incapacité
l'exception.

Les prohibitions portées par le législateur, les
incapacités établies par la loi, n'ont pas toutes la
même étendue. Les unes, en effet, sont absolues, enlèvent d'une manière complète le droit de disposer
et de recevoir à l'égard de toutes personnes, sans
tenir compte des relations existantes entre celui qui
dispose et celui qui reçoit. Les autres sont seulement
relatives; elles défendent à certaines personnes de
disposer au profit d'autres personnes déterminées;
de telle sorte qu'à l'incapacité relative de disposer
correspond, comme corollaire nécessaire, l'incapacité
de recevoir : telle est l'incapacité de disposer portée
contre le mineur au profit de son tuteur, qui ne peut
recevoir de son pupille tant qu'il n'a pas rendu ses
comptes.

Sous le bénéfice de ces observations générales
sur la capacité active et passive de disposer, nous
allons successivement examiner les prohibitions
portées par la loi.

(1) Art. 280, 292.

CHAPITRE PREMIER.

DES INCAPACITÉS ABSOLUES DE TESTER.

SECTION PREMIÈRE.

DE L'INSANITÉ D'ESPRIT.

« Pour faire une donation entre-vifs ou un testament, il faut être sain d'esprit. » (Art. 901 C. N.) La première condition requise pour faire valablement un testament est donc de jouir de la plénitude de sa volonté. On ne peut sanctionner les actes de disposition d'un homme privé de ses facultés intellectuelles. Mais qu'était-il besoin d'exiger, spécialement pour les actes à titre gratuit, la sanité d'esprit dans la personne de celui qui dispose? Tous les contrats, pour être valables, ne doivent-ils donc pas être le résultat d'un consentement libre et exempt de fraude? (Art. 1108-1109 C. N.)

L'article 901 n'est-il qu'une application du droit commun, ou contient-il, au contraire, une dérogation aux principes généraux en matière de consentement? Nous pensons que le législateur a voulu introduire une règle spéciale, exclusivement propre aux dispositions à titre gratuit; exiger d'une manière plus rigoureuse la sanité d'esprit de la part de celui qui fait un testament, que de celui qui contracte, et soumettre à des conditions plus sévères la validité des donations et des testaments. D'après les principes posés dans l'article 504 Code Napoléon, les actes à titre onéreux qui ont été consentis par une personne dans un état habituel de démence et de fureur, ne peuvent être attaqués par ses héritiers que dans deux circonstances : 1° lorsque son interdiction a été prononcée ou tout au moins provoquée de son vivant ; 2° lorsque la démence ou l'imbécillité résulte de l'acte même qui est attaqué. Hors ces deux cas , les actes par lui consentis sont irrévocables. En disant qu'il faut être sain d'esprit, le législateur a voulu déroger au principe de l'article 504, créer une règle plus large et plus protectrice, étendre le cercle des moyens d'attaque contre les dispositions à titre gratuit laissées par un homme en état habituel de démence ou de fureur. Nous pensons que les donations ou testaments faits par une personne atteinte d'une maladie aussi terrible et aussi permanente, seront toujours susceptibles d'être attaqués ; que son interdiction ait été ou non prononcée ou provoquée, que son testament soit ou non marqué du sceau de de la démence ou de l'imbécillité.

S'il nous fallait trouver, dans les monuments de l'ancienne jurisprudence, des autorités à l'appui de ce système, contraire à la doctrine de MM. Malleville et Delvincourt, ce serait chose facile. Ricard enseignait que quoique les parents ne s'étaient pas mis en devoir de faire créer un curateur à l'imbé-

cile, ils sont reçus à vérifier le défaut de jugement (1).
« Le testament, dit Pothier, qu'un homme en dé-
» mence a fait est déclaré nul, quand même il
» n'aurait pas été interdit ; car ce n'est pas tant
» l'interdiction que la démence même qui le rend
» incapable de tester. L'interdiction ne fait que
» déclarer la démence ; et si elle peut être prouvée
» d'ailleurs, le testament qu'aura fait une personne
» en cet état doit être déclaré nul (2). »

L'historique de la rédaction de l'article 901 démontre que les législateurs modernes ont suivi et
adopté les anciens errements. Le projet de code
portait en effet : « Pour faire une donation entre-vifs
» ou un testament, il faut être sain d'esprit. Ces
» actes ne pourront être attaqués pour cause de dé-
» mence que dans les cas et de la manière prescrite
» par l'article 504 du titre de la majorité et de
» l'interdiction. » Tous les membres du conseil
d'État qui parlèrent sur cet article, en rejetèrent la
seconde partie ; M. Emmery, rapporteur du titre de
l'interdiction, dit lui-même que l'article 504 ne concernait ni les donations ni les testaments ; aussi cette
seconde partie fut-elle supprimée, sur les observations
du consul Cambacérès, qui en même temps soutenait,
à l'encontre de M. Tronchet, que la démence pouvait
être établie par toute espèce de preuves.

(1) Première part., chap. 3, sect. 3, n° 145.
(2) Des donat. test., n° 135.

La combinaison des articles 503 et 504 apporte une preuve surabondante de la règle spéciale créée par l'article 901. D'après l'article 503, « les actes » antérieurs à l'interdiction pourront être annulés, » si la cause de l'interdiction existait notoirement à » l'époque où ces actes ont été faits. » Evidemment cette disposition ne s'applique qu'aux conventions, qu'aux contrats à titre onéreux, qui ont pu être consentis par des tiers, qui étaient en faute de contracter avec une personne notoirement en démence. Elle ne peut concerner le testament, car il est complétement indifférent que le légataire sache ou ne sache pas la démence notoire du testateur. Or l'article 504, qui vient après, s'occupe des mêmes actes que l'art. 503; par suite, ni l'un ni l'autre de ces deux textes ne sont applicables aux dispositions à titre gratuit.

Depuis le Code, une disposition législative concernant les aliénés, la loi du 30 juin 1838, art. 39, en permettant d'attaquer pour cause de démence les actes faits par une personne placée dans un établissement d'aliénés, sans qu'il soit nécessaire que son interdiction ait été prononcée ni même provoquée, démontre avec combien plus de force et de raison il doit en être de même pour les dispositions à titre gratuit.

La preuve de la démence peut être établie par toute espèce de moyens; lorsqu'une contestation s'élève sur le point de savoir si le disposant jouissait de ses facultés intellectuelles, c'est à celui qui attaque le testament à prouver par l'acte lui-même, par des faits précis et d'une démonstration complète, soit l'état de démence habituelle, ce qui suffit pour établir une présomption contre l'œuvre de dernière volonté, soit l'altération accidentelle de la raison au moment de la disposition.

§ Ier.

De l'interdit.

Cette preuve n'est plus nécessaire, aucun débat ne peut s'élever sur la sanité ou l'insanité d'esprit du testateur, lorsqu'un jugement d'interdiction a été antérieurement rendu contre lui.

Privé par cette décision judiciaire de l'exercice de tous les droits civils, même celui d'administrer sa fortune, placé sous le coup d'une présomption invincible, *juris et de jure*, de démence et d'incapacité, en droit, l'interdit ne peut être sain d'esprit ; et tous les actes à titre gratuit ou onéreux par lui consentis doivent être annulés sans examen préalable (art. 502).

Certains jurisconsultes (1) ont cependant essayé de nier une vérité aussi palpable ; ils ont prétendu que l'art. 502, qui prononce la nullité radicale et de plein droit des actes consentis par un interdit, n'était pas

---

(1) Merlin. Rép., vº testam., sect. 1. — Coin-Delisle, nº 10. — Dalloz, vº dispos. entre-vifs, nº 220.

plus applicable aux dispositions à titre gratuit que les art. 503 et 504 ; ils ont soutenu que l'art. 901, en exigeant la sanité d'une manière générale, avait permis, par cela même, de prouver toujours et dans tous les cas l'intégrité d'esprit, l'intervalle lucide du testateur au moment de la confection de son testament. Nous avons lieu de nous étonner que des auteurs aussi éminents n'aient point aperçu la puérilité des arguments qu'ils opposent non-seulement au texte précis de la loi, mais encore au bon sens et à la raison. De ce que les art. 503 et 504 ne sont pas applicables aux testaments, on ne comprend pas la parité de raison qui défendrait d'invoquer l'art. 502. L'art. 901, avons-nous dit, a dérogé à l'art. 504, en ce sens que le législateur a voulu soustraire les donations et testaments aux nullités restreintes édictées par cet article, étendre les moyens d'attaquer les actes de dernière volonté laissés par un homme atteint de démence ; mais l'art. 901 n'a jamais eu pour but et ne peut avoir pour résultat de ne point appliquer aux dispositions à titre gratuit les règles plus larges et plus protectrices de l'article 502.

Outre que l'art. 509 assimile l'interdit au mineur, qui bien certainement ne peut faire ni donation ni testament (art. 903 et 904), l'article 511 enlève spécialement à l'interdit le droit de faire une donation ; et comme la capacité requise pour faire un testament et une donation est la même, il s'ensuit que l'interdit est absolument incapable de faire aucun acte, quelle qu'en soit la nature.

§ II.

Du prodigue.

La loi, dans la sage protection qu'elle accorde à tous, devait non-seulement veiller aux intérêts de ceux que l'absence d'intelligence et de discernement exposent à des actes irréfléchis et insensés, mais encore protéger ceux qu'un degré moins élevé dans l'altération des facultés intellectuelles rendait inhabiles à comprendre l'importance d'un acte de disposition. Le prodigue était, en droit romain et dans notre ancienne jurisprudence, frappé d'interdiction, incapable de disposer, par suite de faire une donation ou un testament; non pas tant, dit Pothier, parce que le prodigue est privé de la raison nécessaire pour tester, que parce que l'interdiction le prive du droit de disposer de ses biens (1). Aujourd'hui le prodigue n'est point interdit, il est seulement pourvu d'un conseil judiciaire sans l'assistance duquel il ne peut faire certains actes de disposition (art. 499 C. N.). Ne pouvant aliéner, hypothéquer ses biens, il ne peut par cela même faire une donation; mais il peut tester, la loi ne le privant point expressément de cette prérogative que lui reconnaissait en ces termes l'o-

(1) Pothier, Des donat. testam., n° 137.

rateur du gouvernement : « Celui à qui on donne un
conseil, disait-il, peut se marier ; il peut faire un testament (1). » Le motif de cette différence entre la donation et le testament est facile à comprendre : d'un
côté, le testament, œuvre de la volonté libre et spontanée par excellence, ne pouvait être soumis au contrôle du conseil judiciaire ; d'un autre côté, le testament n'est point, à un certain point de vue, un
véritable acte d'aliénation; il ne peut avoir pour le
prodigue les conséquences ruineuses d'une libéralité
entre-vifs, qui, sans aucune compensation, le dépouille irrévocablement de son vivant.

§ III.

Des autres vices du consentement.

Le législateur, en disant qu'il fallait être sain
d'esprit pour faire valablement un testament, n'a
pas eu seulement pour but d'annuler les dispositions
laissées par un homme interdit, ou en état habituel
de démence; mais il a voulu autoriser encore de la
manière la plus large les critiques contre les testaments de ceux qui, au moment même de la confection
de ce dernier acte de leur volonté, pouvaient avoir,
par une cause quelconque, perdu cette raison et ce
discernement, qui doit au plus haut degré accompa-

(1) Fenet, t. 10, p. 711.

gner les testaments. L'homme d'une intégrité d'esprit
habituelle peut en effet, sous l'empire d'une pas-
sion violente, de l'ivresse, du dol, de la violence ou
de la fraude dont il est victime, perdre momentanément la raison; substituer à sa propre volonté celle
d'un tiers qui, par des machinations, des artifices et
des mensonges, l'a induit en erreur; dans tous ces
cas, la loi vient au secours de celui dont la disposition n'est pas l'expression exacte de sa volonté libre
et vraie, et permet d'attaquer pour cause d'insanité
d'esprit le testament qu'il laisse à son décès.

SECTION II.

DES CAUSES PHYSIQUES QUI PEUVENT EMPÊCHER DE TESTER.

Nous avons examiné jusqu'à présent les divers
vices de consentement qui pouvaient infecter les
dispositions laissées par un défunt; nous avons
développé les nombreuses infirmités morales, soit
permanentes, soit accidentelles, qui ne permettent pas
d'exprimer une volonté exacte et qui privent du
droit de faire une libéralité. Le corps comme l'esprit,
ou même plus que l'esprit, est exposé à des infirmités
qui, sans altérer l'intelligence du malade, le privent
cependant de la prérogative de disposer entre-vifs ou
par testament, parce qu'il est dans l'impossibilité
physique de manifester une volonté assez sûre pour

inspirer confiance et digne d'être érigée en loi domestique.

Ni la vieillesse, cet âge non envié de la prudence et de l'expérience consommée, ni la maladie, ne sont des causes d'incapacité, si elles n'altèrent point l'intelligence et conservent au testateur la sanité d'esprit. Quelque longue, aiguë et persistante que soit une maladie ; fût-elle accompagnée d'accès de délire et de transport ; celui qui en est atteint, fût-il à l'article de la mort, *balbutiens et seminecis linguæ*, comme disait la loi 15, C. *de test. ordin.*, n'en peut pas moins tester ; et son testament est valable, si l'on ne prouve qu'il a été fait dans un de ces moments où la douleur et les atteintes de la mort troublent l'intelligence, et enlèvent jusqu'à la connaissance et au discernement.

De toutes les infirmités qui peuvent affliger l'homme ici-bas, les plus terribles sont assurément le mutisme et la surdité. Ils sont dans l'impossibilité : l'un d'entendre, de comprendre ce qui se dit, ce qui se passe autour de lui ; l'autre, d'exprimer sa pensée, et de communiquer aux autres ses besoins, ses désirs et ses aspirations ; enfin rien n'égale le triste et misérable état de celui qui est atteint de cette double infirmité.

Notre ancienne jurisprudence, suivant les principes posés dans l'art. 29, au C., *de testam.*, § *si enim*, plaçait le sourd-muet de naissance dans une incapacité complète de disposer ; on n'admettait pas qu'un sourd-muet de naissance pût écrire avec connais-

6

sance de cause ce qu'il sentait, ce qu'il voulait ;
« car, dit Ricard (1), quoique la nature ait fait
» paraître quelques prodiges dans des particuliers
» qui avaient apporté cette disgrâce en naissant, de
» les rendre excellents dans la peinture ou quelque
» autre art difficile à concevoir, néanmoins on
» n'en a pas vu jusqu'à présent qui aient pu se
» rendre capables de témoigner leurs sentiments par
» écrit, parce que, pour y parvenir, il serait néces-
» saire d'avoir des notions qui supposent la science
» de la langue, et qui ne peuvent se communiquer
» que par le discours ou par l'ouïe ; et, quoi qu'il en
» soit, il est impossible qu'ils aient connaissance des
» lois et qu'ils soient suffisamment instruits dans la
» vie civile pour être capables de la disposition de
» leurs biens. » On n'admettait même pas l'exception
que Justinien avait créée pour les militaires, qui
pouvaient faire leur testament par signes (2). « J'es-
» time, dit encore Ricard, n° 139, qu'il est absolu-
» ment nécessaire que le donateur puisse faire con-
» cevoir son intention par une voie indubitable qui
» se restreint à la parole et à l'écriture, tous les
» autres moyens par lesquels nous pouvons nous
» expliquer étant trop incertains pour servir de fon-
» dement à une disposition importante. » Pothier
enseignait la même doctrine (3), qui d'ailleurs ne
pouvait faire de doute en présence du texte de l'or-

(1) Donat, n° 131.
(2) Inst. de milit. testam., § 2.—Furgole, chap. 4, sect. 2, n° 216.
(3) Poth. Donat., n° 10;—Donat. testam., n° 138.

donnance de 1735, qui dans son art. 2 déclarait nulles toutes dispositions qui ne seraient faites que par signes; encore qu'elles eussent été rédigées par écrit sur le fondement de ces signes. Ainsi, dans l'ancien droit, le sourd-muet, soit de naissance, soit par accident, mais qui ne savait pas écrire, ne pouvait faire ni testament ni donation.

Aujourd'hui cet état de choses doit-il subsister à une époque où, par un admirable travail de patience et de dévoûment, on est parvenu à tirer les sourds-muets de leur misérable état, et à leur communiquer les bienfaits de l'éducation et de l'instruction ? Si le sourd-muet sait écrire, nulle difficulté; il pourra faire un testament olographe, un testament mystique ou une donation ; cette vérité résulte implicitement des termes des articles 936 et 979 C. N., et est admise par tout le monde, sauf quelques auteurs, qui, invoquant les motifs donnés par Ricard, sans faire la part du progrès et de la civilisation, persistent dans des théories plus absolues que vraies, et décident que le sourd-muet, sût-il même écrire, est frappé d'une incapacité absolue de faire une donation (1). Mais s'il est illettré, incapable de se faire comprendre autrement que par signes, pourra-t-il faire une donation, ou tester en la forme publique ? Généralement on décide, en s'appuyant tant sur les précédents de l'ancienne jurisprudence que sur l'art. 936, qui dispose qu'en cas d'acceptation d'une libéralité faite

(1) Solon, Tr. des nullités, t. 1, nᵒˢ 51 et suiv.

à un sourd-muet qui ne sait pas écrire, l'acceptation doit être faite par un curateur nommé à cet effet; on décide, disons-nous, que le sourd-muet qui ne sait pas écrire est dans l'impossibilité matérielle de faire connaître sûrement sa volonté, par suite frappé de l'incapacité de faire une donation (1). D'autres auteurs, prenant en considération le temps et les progrès qu'a faits, depuis le Code, l'éducation des sourds-muets, les procédés d'enseignement qui leur permettent d'acquérir un degré supérieur d'instruction et de parvenir au plus complet développement de leurs facultés intellectuelles, l'impossibilité de leur contester la capacité de manifester un consentement libre, volontaire et suffisamment éclairé; prenant en considération l'absence de toutes prohibitions portées contre eux, décident qu'ils peuvent faire une donation (2). Nous pensons avec ces auteurs et un arrêt de cassation du 30 janvier 1844 admirablement motivé, que l'on doit s'éloigner d'un formalisme rigoureux, qui reposait sur des raisons aujourd'hui disparues par le mode d'éducation, si heureusement et si efficacement appliqué au développement de l'intelligence des sourds-muets. Les motifs invoqués par les partisans du système adverse ne souffrent pas, selon nous, un sérieux examen. D'abord nul doute qu'aujourd'hui les sourds-muets

(1) Merlin, v° sourd-muet. — Grenier, n° 283. — Marcadé, sur l'art. 936.

(2) Coin-Delisle, art. 936, n° 7. — Vareille, art. 901 et 936. — Troplong, t. 2, n° 539.

ne puissent parfaitement, sûrement, faire comprendre leur volonté ; quel inconvénient dès lors à admettre la validité d'une donation faite en présence de témoins qui, habitués au langage du sourd-muet, comprennent ses intentions ; et si le donateur fait entendre, après lecture faite aux témoins et traduite par signes, que l'acte relate exactement sa pensée? Les raisons qui motivaient dans l'ancienne jurisprudence cette incapacité, à savoir l'impossibilité physique pour le sourd-muet d'exprimer sa volonté, n'existent plus, et ne peuvent plus sérieusement être invoquées. L'art. 936, duquel on voudrait tirer une prohibition formelle, n'a point l'importance qu'on veut lui donner ; de ce qu'on exige, en effet, dans le cas où le sourd-muet donataire ne sait pas écrire, que l'acceptation de la donation soit faite par un curateur nommé à cet effet, on ne saurait en induire l'incapacité pour le sourd-muet illettré de faire personnellement une libéralité entre-vifs. L'article 936 n'a point pour but d'établir une règle de capacité, mais seulement de protéger le sourd-muet qui, incapable de manifester sa volonté, aurait été hors d'état de recueillir les libéralités qui lui auraient été adressées. Le sourd-muet peut se marier, cela est attesté par les procès-verbaux du Conseil d'Etat du 27 fructidor an IX, et par les discussions du titre du mariage ; les auteurs du Code reconnurent au sourd-muet la capacité de contracter mariage toutes les fois qu'il pourrait utilement manifester sa volonté, « le » discernement des signes qui peuvent faire juger si

» le sourd-muet a ou non consenti , est-il dit, étant
» laissé à l'arbitrage des tribunaux. » Si le sourd-
muet peut se marier , il peut, aux termes de l'article 1398 , consentir toutes les conventions dont le
contrat de mariage est susceptible , par suite faire
valablement une donation.

Faisant application de ces principes au droit de
tester , et quoique le testament en la forme authentique exige quelque chose de plus que la donation, à
savoir la dictée faite par le donateur et reproduite
par le notaire , je pencherais à valider toute disposition, pourvu qu'il fût certain et avéré qu'on a reproduit exactement les intentions du disposant.

Dans ce système absolu, nulle distinction à faire ;
le muet, le sourd, comme le sourd et muet, alors
même qu'ils ne savent pas écrire , peuvent tester en
la forme publique ; ils auront cette dernière consolation, après tant de misères et de tristesses qu'ils
ont éprouvées dè leur état. Dans le système contraire,
le sourd qui sait écrire, ou simplement lire, quoiqu'il
ne sache point écrire , peut , dans le premier cas,
tester en la forme olographe ; dans le second, seulement en la forme mystique ; mais jamais il ne peut
tester en la forme publique , car il ne peut entendre
la lecture qui doit lui être faite de son testament. Le
muet, s'il sait écrire, peut tester en la forme mystique
ou olographe , sinon il ne peut tester d'aucune
manière, ne pouvant faire la dictée, qui est une des
formalités essentielles du testament authentique.

SECTION III.

§ Ier.

De la minorité.

D'après le droit romain, pour faire un testament, il suffisait d'être pubère, c'est-à-dire avoir 14 ans accomplis; la femme pouvait même disposer avant cet âge, lorsqu'elle avait sa douzième année révolue.

Dans l'ancien droit, au dire de Pothier (1), la plus grande divergence existait entre les coutumes sur l'âge requis pour tester, sans que toutefois l'exercice de ce droit fût concédé aussitôt que le droit romain le permettait. Il y en avait qui distinguaient entre les hommes et les femmes, entre l'âge pour tester des meubles et celui pour tester des immeubles, entre les meubles et acquêts et les propres. Les coutumes de Paris et d'Orléans permettaient indistinctement à l'homme et à la femme de disposer par testament, lorsqu'ils avaient accompli leur vingtième année, mais seulement pour les meubles et acquêts, n'autorisant la disposition des propres qu'à vingt-cinq ans, âge qu'elles requéraient aussi pour faire valablement une donation. L'art. 293 de la coutume de Paris était en effet ainsi conçu : « Pour tester des » meubles, acquêts et conquêts immeubles, faut

_____
(1) Des donat. testam., n° 130.

» avoir accompli l'aage de vingt ans. Et pour tester
» du quint des propres, faut avoir accompli l'aage
» de vingt-cinq ans. »

Le Code a fait cesser toutes ces divergences : quelle
que soit la nature des biens ; qu'il s'agisse de l'homme
ou de la femme, il n'est pas permis de disposer à titre
gratuit avant l'âge de seize ans révolus. Maintenant
toutefois la distinction établie par l'ancienne jurisprudence entre le testament et la donation, qui dépouille le disposant pendant sa vie d'une manière
irrévocable et sans compensation ; le législateur
n'a point permis qu'on pût disposer de ses biens
par donation entre-vifs avant la majorité ordinaire,
c'est-à-dire avant vingt et un ans. Une seule exception est admise à ce principe, exception fondée sur
la faveur presque illimitée accordée au mariage ; en
vertu de cet adage, « *habilis ad nuptias, habilis ad
pacta nuptialia ;* » le mineur, aux termes de l'article
1398, peut consentir par son contrat de mariage, et
avec l'autorisation de ceux dont le consentement est
requis pour son union, toutes les donations qu'un
majeur pourrait faire en semblable occurrence.

Tout mineur qui n'a pas atteint l'âge de seize ans,
qui n'a pas sa seizième année révolue, ne peut disposer par testament ; au-dessus de cet âge, la loi
(art. 903), tout en enlevant au mineur le droit de
disposer entre-vifs, n'a pas voulu le priver d'une
manière absolue de la faculté de reconnaître dans
une certaine mesure les services qui lui avaient été
rendus et les affections qui l'avaient entouré ; elle

lui accorde le droit de disposer de la moitié de ses biens ; ou, pour parler plus exactement, de la moitié des biens dont il pourrait disposer s'il était majeur. Qu'il soit en tutelle ou qu'il soit émancipé, son droit n'est pas plus étendu ; ce n'est que lorsqu'il a atteint sa vingt et unième année qu'il jouit de la plénitude de sa capacité.

§ II.

De la femme.

Ce principe qu'après avoir atteint l'âge de vingt et un ans, le mineur a une capacité pleine, entière et sans contrôle, n'est vrai pour la femme que tout autant qu'elle est libre et qu'elle ne se trouve pas en puissance de mari. La capacité de la femme mariée présente un caractère mixte qu'il est nécessaire de signaler ici. Dans l'ancienne jurisprudence et dans les pays de droit écrit, trop dociles à suivre les imperfections du droit romain, la femme non-seulement pouvait tester, mais encore pouvait disposer entre-vifs de ses biens extra-dotaux, sans autorisation de son mari, tout aussi bien qu'elle pouvait ester en jugement ou contracter sur ses paraphernaux sans autorisation maritale (1). Dans les pays coutumiers, le principe contraire dominait ; il

---

(1) L. 6, C. de revoc. donat. — Furgole, quest. sur les donat., 24 et 25. — Domat, Lois civiles, t. 2. sect. 1.

est constant que la femme ne pouvait ni contracter,
ni s'obliger, ni à plus forte raison faire une libéralité entre-vifs , sans l'autorisation de son mari. Quelques coutumes allaient même jusqu'à exiger l'autorisation maritale pour l'exercice du droit de tester ;
la plupart laissaient à la femme mariée la plus grande
franchise pour faire un testament qui, ne devant
produire son effet qu'après la mort du disposant ,
ne pouvait ni préjudicier aux droits du mari , ni
porter atteinte à sa puissance (1). Le Code Napoléon
n'a rien innové, en défendant par l'article 217 à la
femme mariée, même lorsqu'elle est non commune
ou séparée de biens , de donner à titre gratuit sans
le concours du mari dans l'acte ou son consentement
par écrit. Le législateur moderne s'est aussi rangé à
l'esprit général des coutumes sur la capacité de
tester, en reconnaissant à la femme mariée, dans l'article 905 , le droit de disposer par testament sans
consentement du mari ni autorisation de justice.
Quel que soit le régime adopté par les époux, lorsqu'il s'agit de libéralites entre-vifs, la femme a toujours besoin d'observer ses devoirs de respect et de
déférence vis-à-vis son mari pour la consommation
d'un acte qui, à un si haut degré , peut intéresser
non-seulement la fortune, mais encore l'honneur de
la famille. Les dispositions testamentaires ne présentent pas ce même caractère de péril et de convenan-
ces ; elles ne portent aucune atteinte à la puissance

---

(1) Cout. de Bourg. — Merlin, v° autorisation maritale.

maritale, puisqu'elles ne s'exécutent qu'après sa cessation, au décès de la testatrice : de là le principe que les femmes mariées et majeures ont la plénitude du droit de tester, et sont frappées de l'incapacité de donner.

DES MORTS CIVILEMENT. — DES CONDAMNÉS A CERTAINES PEINES. — DES RELIGIEUX. — DES ÉTRANGERS.

Ier.

Du mort civil.

Dans tous les temps et dans toutes les législations, la privation des droits civils a été attachée comme peine à certaines condamnations qui, par leur gravité, ne permettent pas d'admettre le coupable à participer aux prérogatives accordées aux autres citoyens. Dans notre ancienne jurisprudence, ceux qui étaient condamnés à la peine de mort, aux galères ou au bannissement à perpétuité, étaient frappés de mort civile.

Retranchés de la société qu'ils avaient odieusement outragée, privés de toute espèce de droits, sauf ceux que confère le droit naturel, ils ne pouvaient faire ni testament ni donation. Quoique ce principe, dans notre ancien droit, fût moins certain pour les libéralités entre-vifs, qui sont éminemment du droit

des gens; quoique M. Merlin ait soutenu et fait décider par la Cour de cassation que le mort civil
pouvait valablement faire une donation, je préfère
admettre avec la plupart de nos anciens auteurs,
Ricard, Duplessis, Richer (1), que celui dont l'état
est assimilé à la mort ne pouvait jouir d'une des
plus magnifiques prérogatives du droit de propriété.
Sous l'empire du Code, cette difficulté ne pouvait
se présenter; l'article 25 enlevait à celui qui était
frappé de mort civile toute capacité de disposer
soit entre-vifs, soit par testament. Aujourd'hui la
mort civile a été abolie par la loi du 3 juin 1854;
mais les causes qui faisaient encourir la mort civile,
et qui la faisaient découler d'une condamnation
perpétuelle, subsistent. Aussi l'incapacité de disposer à titre gratuit a-t-elle été maintenue par l'article 3
de cette même loi. Il n'y a en définitive que le nom de
changé; ce n'est plus la mort civile qui entraîne l'incapacité de tester, c'est la condamnation à une peine
afflictive perpétuelle. De toutes les dispositions qu'a
pu faire un mort civil avant ou après sa condamnation, une seule subsiste ; c'est la donation qu'il a
faite antérieurement à la peine encourue, et qui,
contrat translatif de propriété au moment même de
sa confection, ne peut recevoir d'atteinte du changement d'état dont ultérieurement est frappée une des
parties contractantes. Celui qui a voulu se soustraire

(1) Ricard, chap. 3, sect. 4. no 236.— Richer, Mort civile, p. 223.
— Duplessis, Donat., p. 552.

aux poursuites dirigées contre lui, qui, en son absence, a été condamné par contumace, était, sous
l'empire du Code, privé de l'exercice des droits
civils (art. 28); et si sa condamnation devenait irrévocable, les donations et testaments qu'il avait pu
faire en cet état étaient frappés de nullité. Ces
mêmes dispositions étaient toutefois valables s'il venait à mourir dans le délai de grâce de cinq années ;
car il était, aux termes de l'article 31, mort dans
l'intégrité de ses droits. Le législateur de 1854 a
adopté et confirmé la décision des rédacteurs du
Code, en disant que l'article 3 de cette loi, qui prononce les déchéances dont nous avons parlé, n'est
applicable au condamné par contumace que cinq
ans après l'exécution par effigie.

L'incapacité qui atteint le condamné à une peine
afflictive perpétuelle s'étend-elle aux condamnés
aux travaux forcés à temps, à la détention ou à la
reclusion, que l'article 29 Code pénal déclare en
état d'interdiction légale? La jurisprudence n'a jamais hésité, toutes les fois que la question a été
portée devant les tribunaux, à valider le testament
laissé par un condamné à une peine temporaire. En
doctrine, la question est gravement controversée, et
l'opinion, qui attache à l'interdiction légale de l'article 29 Code pénal l'incapacité d'exercer aucun
droit civil, compte de nombreux partisans (1). Mal-

(1) Carnot, sur l'art. 29. — Boitard, Dr. crim., nᵒˢ 87, 88. — Troplong, t. 2, nᵒ 525. — Duranton, t. 8, nᵒ 181.

gré l'avis imposant de tant d'auteurs aussi éminents, je n'hésite pas à me ranger à l'avis contraire
consacré par la jurisprudence. L'interdiction prononcée par l'article 29 Code pénal ne prive pas le
condamné de l'exercice des droits civils ; aucun texte
ne prononce contre lui une déchéance aussi terrible,
ni ne lui enlève le droit de tester. Cette interdiction
ne concerne que la gestion et l'administration de
sa fortune. Dans l'ancienne jurisprudence, conforme
en ce point au droit romain, il était de principe
constant que l'incapacité de tester n'était attachée
qu'aux condamnations qui anéantissaient l'état du
condamné ou emportaient la mort civile (1). Les
condamnations à une peine infamante, dit Pothier,
ne font pas perdre l'état civil, quoiqu'elles le dimi-
nuent à certains égards.

Il n'est pas possible que notre législation moderne,
marquée au coin des grandes idées de civilisation
et d'humanité, ait voulu se montrer plus barbare et
plus sévère que les peuples primitifs, et n'établir aucune différence entre deux culpabilités si différentes :
l'une qui entraîne une peine perpétuelle, l'autre une
peine simplement temporaire. L'art. 902 est général : on ne peut être frappé de l'incapacité de tester
que par une disposition expresse de la loi ; aucun
texte ne prononce contre le condamné à temps une
déchéance aussi grave. On ne peut suppléer au si-

---

(1) Furgole, chap. 4, sect. 2, n° 192.—Ricard, Des donat., n°s 253
et suiv.— Pothier, Des donat. test., n° 125.

lence de la loi par des arguments d'analogie et de comparaison, qui, selon nous, n'ont aucune valeur ; l'interdiction légale reposant sur des motifs spéciaux et tout différents de l'interdiction judiciaire. Depuis la loi de juin 1854, il me semble que toute difficulté devrait cesser, car, rendue sous l'empire de cette discussion sérieuse en théorie, elle n'a maintenu, en abolissant la mort civile, l'incapacité de tester que pour les condamnations perpétuelles.

§ II.

Du religieux.

Dans les premiers temps et jusqu'au ıv⁰ siècle, les personnes qui embrassaient la vie solitaire ou l'état monastique ne souffraient aucun changement d'état ; ils n'étaient point exclus de la participation aux droits civils, ils conservaient par suite le droit de tester et de succéder. Non-seulement les solitaires, mais ceux qui se dévouaient à une église ou à un monastère, avaient encore la faculté de tester en 455, comme l'indique la loi 23, C., *dè sacrosanct. eccles.*, portée cette année même, et qui déclare bonnes et valables les dispositions testamentaires faites par les moines et autres religieux ; qu'elles fussent générales ou particulières. Justinien, dans la novelle 5, ch. 5, leur enleva cette liberté de tester, non en attachant quelque incapacité à l'état monastique, mais par cette seule raison qu'en consacrant leur personne à un monastère, ils lui transportaient tous les biens leur appartenant, et dont ils n'avaient pas disposé entre-vifs.

Dans notre ancien droit, cette maxime n'était point suivie; les religieux étaient frappés de mort civile, privés de toute participation au droit civil, par suite incapables non-seulement de tester, mais encore de succéder. On voulait empêcher que les monastères ne devinssent trop riches et trop puissants par l'acquisition des biens appartenant aux moines ou qui pouvaient leur échoir à titre de succession. L'article 28 de l'ordonnance de Blois portait que les biens dont les religieux n'avaient pas disposé au moment de leur profession, appartenaient à leurs plus proches parents et successeurs *ab intestat* (1).

Depuis la loi du 13 février 1790, qui a aboli les ordres monastiques et rendu à la loi civile tous ceux qui avaient prononcé des vœux; les religieux qui sont restés attachés à leur couvent, et qui aujourd'hui appartiennent aux nombreux établissements et congrégations qui se sont élevés depuis cette époque, ne sont nullement frappés de mort civile; ils n'encourent aucune incapacité et jouissent de la plénitude de leurs droits civils. Nous devons toutefois mentionner un dernier reste, une dernière trace de notre ancien droit qui se rencontre dans l'art. 5 de

---

(1) Furgole, chap. 4, sect. 2, nos 72 et suiv.—Ricard, chap. 3, sect. 5, nos 310 et suiv.

la loi du 24 mai 1825, lequel frappe d'une incapacité relative de disposer les membres des congrégations religieuses de femmes reconnues et autorisées ; cet article est ainsi conçu : « Nulle personne faisant » partie d'un établissement autorisé ne pourra dis- » poser par acte entre vifs ou par testament, soit en » faveur de cet établissement, soit au profit de l'un » de ses membres, au delà du quart de ses biens, à » moins que le don ou legs n'excède pas la somme » de dix mille francs. Cette prohibition cessera » d'avoir son effet relativement aux membres de » l'établissement, si la légataire ou donataire était » héritière en ligne directe de la donatrice ou testatrice. »

Sauf cette incapacité relative, cette prohibition restreinte, portée contre les membres des congrégations religieuses de femmes autorisées, tous les autres religieux, reconnus ou tolérés, conservent la complète intégrité de leurs droits civils; nos lois actuelles ne reconnaissant point la profession religieuse.

§ III.

Des étrangers.

Le testament appartient au droit civil, dit Pothier (1), d'où il suit qu'il n'y a que ceux qui jouissent

---

(1) Poth., Donat. test., n° 114.

des droits de citoyen qui puissent tester. Conformé-
ment à ce principe, les aubains ou étrangers étaient
incapables de tester des biens qu'ils avaient en France,
bien qu'ils eussent le droit de faire une donation
entre-vifs, plus spécialement envisagée comme étant
du droit des gens. Des exceptions nombreuses avaient
été apportées à ce principe rigoureux en faveur de
ceux qui fréquentaient les foires de Lyon, qui étaient
réputés Français et regnicoles, par privilége spécial
pour cette ville et son commerce. Les habitants de
certains pays, tels que ceux de Milan, de Bourgogne,
de Flandre et d'Artois, jouissaient des mêmes prérogatives, à cause des prétentions légitimes que le roi
avait sur ces terres. La même exception résultait de
concessions spéciales faites par le roi au profit des
sujets de certaines nations, qui par des traités d'al-
liance étaient affranchis entièrement ou à certains
égards du droit d'aubaine, tels que les Génevois, les
Suisses, etc.

L'assemblée constituante, dans son amour de la
philanthropie, et dans un élan de fraternité pour tous
les peuples, pensant que tous allaient suivre l'exemple donné par elle, accorda aux étrangers la faculté
indéfinie de recevoir, de disposer par donation entre-vifs et par testament. Malheureusement cet appel
ne fut pas entendu ; aussi, pour parer aux inconvé-
nients et au préjudice qui résultait d'une semblable
législation au détriment des Français, le Code vint-
il établir un système de réciprocité, monumenté dans
l'article 912, ainsi conçu : « On ne pourra disposer

» au profit d'un étranger que dans le cas où cet
» étranger pourrait disposer au profit d'un Fran-
» çais. » Ce système de réciprocité, fondé d'ailleurs
sur la raison et sur l'enseignement que nous avait
donné l'état de choses après 1791, a cependant été
abrogé ; les législateurs de 1819 comprirent combien
était désastreuse pour la France cette prohibition
portée contre les étrangers de ne pouvoir disposer
des biens qu'ils pouvaient posséder en France ; combien cette perspective de perdre à tout jamais les
fonds qu'ils pouvaient placer dans les industries
françaises éloignait de notre pays les capitaux, qui
sont la sève la plus puissante de notre prospérité
commerciale ; et, revenant aux idées de l'assemblée
constituante, rendirent aux étrangers, par la loi du 14
juillet 1819, leur complète capacité de donner et de
recevoir, tout en édictant par l'art. 2 des mesures
protectrices des intérêts des Français. Aujourd'hui
donc, aucune incapacité active ne pèse sur l'étranger ; il peut donner ou tester comme tout sujet de
l'empire.

SECTION V.

DU TEMPS AUQUEL EST REQUISE LA CAPACITÉ DU TESTATEUR.

Le Code Napoléon a gardé le silence le plus complet sur les époques auxquelles le testateur doit être
capable, et a négligé de faire connaître de quelle
manière il doit être capable. Cet oubli, déjà signalé

par M. Malleville dans son analyse raisonnée, t. 2, p. 372, surprend d'autant plus, qu'il suffisait d'un texte simple et précis pour lever toute incertitude sur les doutes que pouvaient faire naître les nombreux textes du droit romain et les commentaires de nos anciens auteurs.

Nous avons suffisamment indiqué quelle distinction capitale il y avait à faire entre le droit, la faculté légale d'avoir et de laisser un testament, et l'exercice de ce même droit, c'est-à-dire la faculté naturelle de manifester ses intentions, de monumenter ses dernières volontés. Dans notre ancienne jurisprudence, on enseignait que le testateur devait être capable tant au moment de la confection du testament qu'au moment de sa mort (1). Ces principes doivent être encore suivis aujourd'hui, et les raisons en sont faciles à comprendre. Au moment de la confection du testament, celui qui dispose doit réunir le droit à l'exercice. Le mineur qui a l'investiture légale du droit ne peut cependant pas tester avant sa seizième année; le testament qu'il aurait fait avant cet âge ne pourrait jamais valoir, car la volonté ne s'est pas manifestée légalement; elle est considérée comme non avenue; et rien ne peut lui restituer ce caractère de légalité dont elle était privée tout d'abord. Au moment de la mort, le testateur doit avoir la faculté de transmettre son hérédité, de laisser un testament; il doit avoir la capacité de droit. Ainsi le testament fait

_____

(1) Ricard, prem. part., no 197. — Furgole, chap. 1, nos 9 et 10

par un mort civil antérieurement à sa condamnation
deviendra caduque et ne pourra produire son effet ;
parce qu'à la mort du disposant, au moment de la
transmission du droit au profit des légataires , il
n'avait plus le droit de transmettre, de faire exécuter
sa volonté dernière. Mais s'il est indispensable qu'il
ait le droit, il n'est pas nécessaire qu'il puisse exercer la prérogative que lui a conférée la loi. Le testateur ayant en effet, au moment de son testament, la
pleine capacité, rien, si ce n'est un changement
d'état, ne peut détruire sa volonte légalement et régulièrement manifestée. Que celui qui a disposé
tombe en démence ou soit frappé d'interdiction, son
testament n'en produira pas moins son effet.

Ces principes et cette distinction entre la capacité
civile et la capacité naturelle sont en quelques mots
très-clairement exposés par Pothier. Après avoir parlé
de la capacité qui résulte de l'état civil, laquelle est
requise aux deux époques que nous avons indiquées,
il ajoute : « Ce que nous venons d'observer, que la
» capacité de tester qui résulte de l'état civil doit
» se trouver dans le testateur tant au temps de la
» mort qu'au temps de la confection du testament,
» ne doit pas être étendue aux autres espèces de
» capacité dont nous allons traiter (l'âge, la sanité
» d'esprit); il suffit que le testateur les ait eues lors
» de son testament. La raison de différence est qu'elles
» ne sont requises que pour la valable confection du
» testament, au lieu que l'état civil est requis non-
» seulement pour pouvoir faire un testament, mais

» pour avoir le droit de transmettre ses biens par
» testament; et comme c'est à sa mort que ce droit
» s'accomplit, il s'ensuit qu'il doit jouir de ce droit
» au temps de sa mort (1). »

Quant au temps intermédiaire, quel que soit le
changement d'état que subisse le testateur, soit au
point de vue du droit en lui-même, soit au point de
vue de l'exercice du droit, le testament n'en éprouve
aucune atteinte, pourvu qu'au moment de la mort le
testateur ait recouvré sa capacité civile.

CHAPITRE II.

DE LA CAPACITÉ DE RECEVOIR.

La capacité de recevoir par donation ou testament
est de droit commun, comme la capacité active de
disposer; elle appartient à tous; mais le législateur
a dû intervenir pour la réglementer, la restreindre
par certaines prohibitions. Ces prohibitions, les unes,
absolues, reposent sur l'inexistence physique ou civile
des personnes appelées à recueillir: telles sont celles
qui frappent ceux qui ne sont pas conçus, les condamnés à une peine perpétuelle, les corporations ou
communautés non autorisées; les autres, relatives,
ont pour but de protéger le disposant contre les cap-
tations auxquelles il peut être en butte de la part de

(1) Poth., Donat. testam., nᵒˢ 126 et suiv.

ceux qui, par leur caractère, leur position particulière, peuvent exercer sur son esprit une pression
et une contrainte : telle est l'incapacité portée contre
les tuteurs, médecins et ministres du culte. Une troisième sorte d'incapacité, telle est celle qui atteint les
enfants illégitimes, a pour base des considérations
de morale publique et la dignité de la famille. Il
n'existe ''' apacités que celles qui '''' expressément e' ' ' ' a loi ; tout est de droit étroit en
cette matière ; et l'on ne peut étendre par analogie
une incapacité d'une personne à une autre, ni l'é-
tendre au delà des limites que le législateur lui-même
a imposées. Nous avons donc à rechercher non quelles
personnes sont capables de recevoir par testament,
mais quelles au contraire ne le sont pas.

Des incapacités absolues de recevoir.

SECTION PREMIÈRE.

DE CEUX QUI NE SONT PAS CONÇUS, DES PERSONNES INCERTAINES, DU
CONDAMNÉ A UNE PEINE AFFLICTIVE PERPÉTUELLE, DES ÉTRANGERS,
DES CONGRÉGATIONS NON AUTORISÉES.

§ Ier.

De ceux qui ne sont pas encore conçus.

La première condition, indispensable pour pouvoir recueillir une libéralité, c'est d'exister ; le néant

est incapable d'avoir et de devoir des droits ; rigoureusement, pour exister, il faut être né ; d'où il résulterait qu'il faut être né à la mort du testateur pour être capable de recevoir par testament. Seulement, par une faveur spéciale, l'enfant simplement conçu est réputé né toutes les fois qu'il s'agit de ses intérêts : *infans conceptus pro nato habetur, quoties de commodis ejus agitur.* Des motifs de justice et d'équité ont fait appeler la bienveillance du législateur sur la tête de l'enfant, même avant qu'il ouvrît les yeux à la lumière. Cette fiction, qui considère comme né l'enfant simplement conçu, ne peut être invoquée que tout autant que le fait de la naissance vient la confirmer ; naissance accomplie dans des circonstances telles, que s'il n'a vécu, du moins il eût pu vivre ; il faut enfin que l'enfant soit né viable. « Pour
» être capable de recevoir par testament, dit l'ar
» ticle 906, il suffit d'être conçu à l'époque du décès
» du testateur ; néanmoins le testament ne sera va
» lable qu'autant que l'enfant sera né viable. »

L'enfant qui naît mort n'a jamais existé ; celui qui ne respire que quelques instants, qui n'a que quelques palpitations, ou qui, vivant même quelques jours, n'a pas la perfection d'organes qui sont nécessaires pour lui assurer l'existence, est considéré comme n'ayant jamais vécu. La viabilité, lorsqu'elle est mise en discussion, peut donc être établie, non-seulement par les rapports des médecins après examen du corps de l'enfant, mais encore par la sage-femme et autres personnes présentes à l'accouchement, qui sont à même d'indiquer quels sont les mouvements, les signes d'existence donnés par le nouveau-né.

La conception de l'enfant au moment de la mort du testateur, qui est essentielle pour qu'on puisse recevoir, est plus difficile à constater; comment saura-t-on que l'enfant était conçu à l'époque exigée? quelles règles suivre pour déterminer cette époque mystérieuse de la création? Quoique, dans l'ordre habituel, la gestation remonte à neuf mois avant la naissance, il est établi que mille causes diverses peuvent soit avancer, soit retarder l'accouchement. La médecine reconnaît universellement que la naissance peut avoir lieu dans le dixième mois de la conception, et, dans l'ancien droit, on discutait si la naissance arrivée le onzième mois était légitime. Le Code Napoléon, au titre de la légitimité, a déterminé légalement les gestations les plus courtes et les plus longues; dans les art. 312 et 315, il a admis que l'enfant né le cent quatre-vingtième jour après la célébration du mariage ou le trois centième après la dissolution, était légitime. Ces règles, ces présomptions, fondées sur l'observation et l'expérience, peuvent, selon nous, être invoquées en matière de testament; avec cette réserve toutefois que, spécialement introduites dans l'intérêt du mariage et l'honneur des femmes, elles peuvent être contredites par la science toutes les fois qu'il ne s'agit, comme dans notre espèce, que d'un intérêt purement pécuniaire.

C'était une grave question dans l'ancienne jurisprudence que de savoir si un testateur pouvait instituer un enfant à naître après son décès, et qui n'était pas conçu à cette époque. On adoptait généralement l'affirmative avant l'ordonnance de 1735 sur les testaments, par interprétation de la loi 64, Dig., *de hœred. instit.* (1). Mais l'article 49 de cette ordonnance prononça la nullité de toute institution d'un enfant non conçu lors du décès du testateur, fût-elle faite d'ailleurs sous forme de condition ; on prohibait ainsi d'une manière formelle la condition *si nascatur.* L'ordonnance permettait toutefois de faire un legs particulier affecté d'une semblable modalité, parce que dès la mort du testateur il y avait quelqu'un capable de soutenir le testament ; ainsi que l'expliquait d'Aguesseau dans sa lettre du 23 novembre 1737, qu'il adressait au parlement de Provence pour lever ses doutes sur ce point.

Aujourd'hui qu'il n'y a plus d'institution d'héritier, cette prohibition a été étendue à toutes les dispositions testamentaires par l'article 906 Code Napoléon, qui, selon nous, par la généralité de ses termes, repousse énergiquement la doctrine professée par M. Zachariæ (2), qui, contrairement à l'opinion de Merlin et de MM. Toullier et Troplong (3), déclare valable la condition imposée à un legs, si le gratifié vient à naître après le décès du testateur, fût-il non conçu à cette époque. D'une manière

(1) Merlin, v° inst. d'hérit., sect. 5, § 1.
(2) Zachariæ, t. 5, n° 649.
(3) Merlin, v° instit. d'hérit., sect. 5, § 1, n° 4. — Troplong, n° 608 et 611.

absolue, celui qui n'est pas conçu au décès du testateur ne peut directement recevoir la libéralité à
lui faite.

Cette règle, d'après laquelle on ne peut recevoir
que tout autant que l'on est conçu au moment du
décès, fléchit pour les cas prévus par les articles
1048, 1049, 1082 du Code Napoléon. Elle ne s'applique ni aux donations faites par contrat de mariage aux époux et aux enfants à naître ; ni aux sub-
stitutions fidéicommissaires, dans lesquelles il n'est
pas nécessaire que les appelés soient conçus à la
mort du testateur, mais seulement au décès du
grevé.

§ II.

De ceux qui n'ont pas d'existence civile.

L'existence civile à l'époque du décès du testateur est non moins indispensable, pour avoir la capacité de recueillir, que l'existence naturelle. Tous
ceux qui, appelés à profiter d'une libéralité, ne
jouissent pas des droits civils au moment où le
testament devient irrévocable et s'exécute, sont
incapables de recevoir. Dans l'ancien droit, les incapacités étaient nombreuses : les religieux étaient incapables de recevoir aucune disposition testamentaire, si ce n'est pour cause d'aliments ; les étrangers
ne participant point aux prérogatives de la loi civile,
dont le testament fait partie ; les condamnés à une

peine capitale, qui, par suite de leur condamnation, perdaient leur état civil; les communautés, corps, confréries, etc., non autorisés dans le royaume, n'ayant aucune existence civile, étaient frappés de la même prohibition (1).

Ces incapacités ont été abrogées en grande partie et ne subsistent plus aujourd'hui. Les lois de la révolution, ne reconnaissant plus la profession religieuse, ont rendu à tous ceux qui font quand même partie des congrégations et y sont attachés par des vœux, leur capacité civile et la faculté de recevoir des libéralités. Nous devons toutefois rappeler une incapacité partielle que nous avons déjà indiquée et qui frappe les membres des communautés de femmes autorisées, lesquelles ne peuvent recevoir de leurs corecluses au delà du quart de la fortune de la disposante, à moins que le legs ne dépasse pas la somme de 10,000 fr. (Loi du 24 mai 1825, art. 5.) Les étrangers ne sont plus l'objet d'aucune rigueur dans notre droit actuel; le droit intermédiaire leur avait concédé la même liberté qu'aux Français de recevoir par donation ou testament. (Décret du 8 avril 1791.) Le Code, plus sévère que l'ancienne législation elle-même, qui leur permettait de recevoir par donation, comme l'atteste Loisel, n° 51 (2), établit un système de réciprocité tant pour les donations que pour les

(1) Furgole, chap. 6, sect. 1, n°ˢ 71 et suiv. — Pothier, Donat. test., n° 144.

(2) Junge Pothier, Donat. entre-vifs, n° 24.

dispositions testamentaires ; enfin la loi du 14 juillet 1819, qui les gouverne aujourd'hui, leur rendit et leur accorde une capacité pleine et entière de recevoir comme les Français eux-mêmes. La peine portée contre le condamné à une peine afflictive perpétuelle, et qui le prive de la faculté de recevoir une libéralité, a toujours subsisté; elle s'est perpétuée d'abord dans l'art. 25 C. N., qui ne permet au mort civilement de recevoir que pour cause d'aliments ; en second lieu, dans l'art. 3 de la loi du 31 mai 1854, qui, tout en abrogeant la mort civile, a maintenu l'incapacité qu'elle entraînait. Le condamné ne peut rien recevoir, si ce n'est pour ce motif que l'humanité a fait édicter comme une exception ; quelque forme que prenne la libéralité, même celle du don manuel, elle doit être annulée ou réduite, car ce qu'on ne peut faire directement on ne peut le faire indirectement (1).

§ III.

Des établissements publics, des communautés et congrégations.

Le Code Napoléon n'a rien innové en ce qui concerne l'incapacité portée contre les établissements publics, les communautés, corps, confréries non

(1) Contra. M. Troplong, 514-543.

autorisés. Il fallait autrefois des lettres patentes du roi, enregistrées au parlement, pour donner à ces agrégations le caractère de corps moral et les investir d'une capacité civile; aujourd'hui il faut une loi qui constate, autorise, reconnaisse l'existence d'une congrégation religieuse ou d'un établissement, pour qu'il puisse acquérir ou posséder : c'est la loi qui crée l'établissement et lui donne une capacité civile, comme autrefois les lettres patentes du roi. (Loi du 2 janvier 1817, art. 1er et 2. — Loi du 24 mai 1825, art. 1er et 4.) Toutes les institutions ou communautés non autorisées, qui n'existent que par tolérance, ne forment pas un corps moral, ne sont pas reconnues par la loi, et par suite ne peuvent être gratifiées ni directement ni indirectement,

En France, depuis que les associations religieuses d'hommes ont été abolies par la loi du 18 août 1792, quel que soit le nombre de celles qui ont été rétablies ou créées, aucune d'elles ne forme un corps moral, n'est reconnue par la loi et ne possède la faculté d'acquérir et de posséder. Une seule exception a été admise en faveur des Frères de la doctrine chrétienne, auxquels une position privilégiée a été faite par le décret du 17 mars 1808, qui, dans son article 109, les considère comme une annexe de l'Université, les élève au rang de personnes morales comme l'Université elle-même, et les investit ainsi de la capacité de recevoir comme établissement d'utilité publique.

Quant aux établissements de femmes qui sont susceptibles d'être autorisés, mais qui ne le sont pas, leur incapacité est absolue.

Lorsque ces congrégations ont été reconnues, elles sont, comme tout corps moral public, capables de vendre, d'acquérir, de posséder, de recevoir à titre gratuit. Cette capacité accordée à tous les établissements publics est cependant loin d'être absolue. L'État, qui créait ces établissements, ne pouvait les abandonner à eux-mêmes, et abdiquer tout contrôle; souverain juge de l'existence à leur donner, il ne pouvait les laisser recevoir des libéralités; l'intérêt public est trop engagé à ce que les richesses, qui souvent ne sont que le fruit de la spoliation des familles, ne s'accumulent pas entre les mains de gens de mainmorte et ne soient pas retirées de la circulation; pour qu'une autorisation spéciale ne soit pas exigée, afin d'habiliter ces personnes morales à recevoir et à conserver les libéralités qui leur sont faites. C'est donc en réalité une véritable incapacité que celle qui résulte pour les établissements publics d'être astreints à obtenir une autorisation de l'autorité supérieure, autorisation qui peut rendre illusoire le droit de recevoir que la loi leur confère, et anéantir les dons et legs qui leur sont faits.

En principe donc, les établissements publics, soit civils: tels que les villes, les communes, les départements, les hospices, les bureaux de charité, les collèges, les bibliothèques, etc.; soit religieux: comme les églises et leurs fabriques, les séminaires, les couvents, les monastères et congrégations, ne peuvent profiter des libéralités qui leur sont adressées, sans l'autorisation spéciale du gouvernement (art. 910 C. N.).

Divers lois, arrêtés et décrets ont successivement déterminé les formes de l'autorisation nécessaire pour habiliter les établissements publics, et indiqué de quelle autorité elle doit émaner. Un arrêté du 4 pluviôse an XII, spécial pour les hospices, donna aux sous-préfets le droit d'autoriser l'acceptation des dons et legs mobiliers n'excédant pas la somme de 300 fr. ; au-dessus de ce chiffre, l'autorisation du gouvernement était nécessaire. Cet arrêté fut, par un décret du 12 août 1807, étendu aux établissements d'instruction publique, aux fabriques et aux communes. L'ordonnance du 10 juin 1814 fut le premier monument législatif qui établit une règle uniforme et générale pour tous les établissements publics, civils ou religieux. L'autorisation des préfets suffisait lorsque le legs n'excédait pas la somme de 300 fr. ; au-dessus de ce chiffre et jusqu'à 1,000 fr., le droit était délégué au ministre des cultes ; mais il fallait une ordonnance ou un décret lorsque le legs était plus considérable ou comprenait des immeubles. L'ordonnance du 2 avril 1817, d'une manière générale aussi et commune à tous les établissements civils et religieux, apporte une modification aux attributions d'autorité précédemment faites ; elle exige l'autorisation directe du gouvernement pour tous les legs de meubles ou immeubles, ne laissant aux pré-

fets que le droit d'autoriser l'acceptation des legs purement mobiliers n'excédant pas la somme de 300 fr.
Telle est la législation qui actuellement régit encore
tous les établissements publics, sauf les communes
et les départements, dont la législation a été changée
par des lois postérieures. D'abord, pour les communes, la loi du 18 juillet 1837, dans son article 48,
dispose : « Les délibérations ayant pour objet l'accep-
» tation des dons et legs d'objets mobiliers ou de
» sommes d'argent, faits à la commune et aux éta-
» blissements communaux, sont exécutoires en vertu
» d'un arrêté du préfet, lorsque leur valeur n'excède
» pas 3,000 fr., et en vertu d'une ordonnance du
» roi, lorsque leur valeur est supérieure ou qu'il y a
» réclamation des prétendants droit à la succession.
» — Les délibérations qui porteraient refus de dons
» et legs, et toutes celles qui concerneraient des
» dons et legs d'objets immobiliers, ne sont exécu-
» toires qu'en vertu d'une ordonnance du roi : le
» maire peut toujours, à titre conservatoire, accep-
» ter les dons et legs, en vertu de la délibération du
» conseil municipal ; l'ordonnance du roi ou l'ar-
» rêté du préfet, qui intervient ensuite, a effet du
» jour de cette acceptation. » Pour les départements,
la loi du 10 mai 1838, loin d'étendre l'autorité des
préfets, comme la loi de 1837 concernant les communes, anéantit tout droit d'autorisation du préfet, et
exigea, par son article 31, un acte du pouvoir exé-
cutif, le conseil d'État entendu, pour autoriser l'ac-

8

ceptation ou le refus des dons et legs faits à un
département, quels que soient la valeur et l'objet de
la disposition. Enfin, le décret du 25 mars 1852 sur
la décentralisation administrative a apporté de
nouveaux et derniers changements relatifs aux communes et aux départements. Il dispose que le préfet
statuera sans recourir à l'autorité supérieure sur
l'acceptation ou refus des dons faits au département
sans charge ni affectation immobilière, et des legs
qui présentent le même caractère ou qui ne donnent
nent pas lieu à réclamation (art. 1er, tableau A, n° 7).
Pour les communes, le droit du préfet reçoit une
extension plus grande que jamais : son autorisation
suffit ; que les dons et legs soient mobiliers ou immobiliers, et quelle qu'en soit la valeur, pourvu qu'il
n'y ait pas réclamation des familles. (Art. 1er,
tableau A, n° 42.)

Nous avons parlé jusqu'ici de la capacité des établissements publics en général, qui peuvent recevoir
des legs soit universels, soit à titre particulier,
pourvu qu'ils aient obtenu l'autorisation de l'autorité
supérieure. Nous devons terminer en disant quelques
mots de la position spéciale qu'occupent les congrégations religieuses de femmes, et de la double restriction apportée par loi du 24 mai 1825 à leur
capacité. Par son article 4, cette loi dispose que ces
établissements ne pourront recevoir des dons et legs
qu'à titre particulier seulement. Les legs universels
qui seraient consentis à leur profit seraient nuls, et

nuls pour le tout, sans qu'il fût possible de les ré-
duire ; ce qui serait changer la nature de la disposition et empiéter sur les pouvoirs du testateur.

Une seconde restriction à leur capacité résulte de
l'article 5 de cette même loi, dont nous avons déjà
parlé en traitant de l'incapacité du religieux. Les
membres des communautés de femmes ne peuvent
disposer au profit de leur couvent au delà du quart
de leurs biens : on a voulu les prémunir contre les
entraînements d'une religion exaltée, qui fait souvent oublier ou plutôt sacrifier la famille, pour le
plus grand bien de la religion, que l'on croit intéres-
sée en pareille occurrence. La loi va plus loin, car,
en n'autorisant le legs fait à l'établissement que du
quart des biens, à moins qu'il n'excède pas 10,000 fr.,
elle envisage les autres membres de la communauté
comme personnes interposées, et les frappe de la
même prohibition de recevoir.

La loi n'admet qu'une exception, qui ne se réali-
sera presque jamais : le cas où la religieuse gratifiée
serait héritière en ligne directe de la testatrice.

§ IV.

Des personnes incertaines.

Nous avons posé en principe que, pour être capable de recueillir une libéralité, il fallait exister,
pouvoir justifier de son existence ; or les personnes

incertaines, celles que le testateur n'a pas en vue d'une manière certaine, sont comme inexistantes et dans l'impossibilité de pouvoir profiter d'une libéralité insérée dans un testament. Il tombe sous le sens qu'une disposition testamentaire ne peut produire d'effet qu'autant qu'elle ne laisse planer aucune incertitude sur l'identité de la personne à laquelle elle est adressée ; mais la difficulté est de préciser quels caractères constituent la personne incertaine. Nous avons vu ce que les Romains entendaient par personnes incertaines, d'après le droit rigoureux : les personnes dont le testateur n'avait aucune idée précise, comme celui qui viendra le premier à mes funérailles, le premier citoyen qui sera nommé consul ; nous avons suivi les modifications que subit l'ancien droit, et la possibilité d'instituer une personne incertaine parmi une classe de personnes certaines (*certa demonstratione incertæ personæ recte legatur* (1)), comme le premier de mes cognats actuellement vivants qui viendra à mes funérailles. Nous savons, en effet, comment Justinien, dans une constitution dont il parle dans les Instituts (2), et qui ne se trouve point au Digeste, avait profondément modifié les rigueurs et les subtilités de l'ancien droit.

Dans notre ancienne jurisprudence, comme nous l'apprend Furgole (3), on est loin des principes anté-

---

(1) L. 9, § 10, D. de hered. inst.
(2) Inst. de legatis, § 25 et 27.
(3) Furgole, t. 6, sect. 2, § 32 et suiv.

rieurs à Justinien ; on valide la disposition au profit
d'une personne incertaine, pourvu que l'incertitude
puisse être levée par quelque événement présent ou
futur, au moyen duquel la personne pût être connue
d'une manière certaine. Telles étaient les dispositions au profit de ceux qui viendront les premiers à
mes funérailles, de celui qui épousera la fille du
testateur, qui sera nommé à telles fonctions.

Ces mêmes principes doivent être aujourd'hui
suivis ; et selon les faits, les désignations contenues
dans le testament, on devra examiner si la personne
à laquelle s'adresse la libéralité est suffisamment
désignée, et si cette personne est capable de recevoir. Nul doute, par exemple, que le legs fait aux
inondés, aux victimes de telle catastrophe, à celui
qui remportera tel prix, qui fera le meilleur ouvrage
sur tel sujet, ne soit parfaitement valable et doive
être exécuté.

SECTION II.

DES INCAPACITÉS RELATIVES DE RECEVOIR.

A côté des incapacités absolues de recevoir que
nous venons d'examiner, et qui privent du droit de
recueillir une libéralité, quel que soit le disposant ;
il en est d'autres qui, simplement relatives, tout en
laissant ceux qu'elles affectent capables de recevoir
de tout le monde, leur enlèvent la faculté de profiter
des libéralités qui leur proviennent de certaines

personnes indiquées par la loi. L'incapacité relative
de recevoir, comme on le voit, exige nécessairement
chez le disposant une incapacité de disposer au
profit de celui qui est incapable de recevoir : ainsi,
l'incapacité du tuteur de recevoir rien de son pupille
frappe par cela même le pupille d'une incapacité
relative de disposer au profit de son tuteur. Si nous
insistons sur cette corrélation, sur cette double incapacité, c'est que ces explications nous seront nécessaires pour donner la solution de certaines difficultés
qui ont été élevées sur la capacité de recevoir, et
l'époque à laquelle elle doit être exigée.

§ Iᵉʳ.

Des tuteurs.

Le droit romain ne s'était point préoccupé de
sauvegarder le mineur contre sa propre faiblesse et
contre les influences que pouvaient exercer sur son
esprit ceux qui étaient chargés d'administrer sa personne et ses biens; plusieurs lois au Digeste mon-
trent, en effet, que rien ne mettait obstacle à la
faculté de disposer du pupille au profit de son
tuteur (1). François Iᵉʳ, le premier, se préoccupa du
soin de protéger le pupille contre l'abus qu'un tuteur

_____

(1) Dig., L. ult. de legatis. L. 31, § 2, et 28, § 4, de liberatione
legat.

malintentionné pourrait faire de son ascendant sur la personne confiée à ses soins ; et par l'ordonnance de 1539, article 131, déclara les tuteurs et administrateurs incapables de recevoir aucune libéralité de leur pupille. Cette incapacité fut successivement confirmée par l'édit de Henri II de 1549, et ensuite par l'art. 276 de la coutume de Paris, ainsi conçu : « Les mi» neurs et autres personnes estans en puissance d'au» trui, ne peuvent donner ou tester, directement ou » indirectement, au profit de leurs tuteurs, curateurs, » pédagogues, ou autres administrateurs, ou leurs » enfants, pendant le temps de leur administration, » jusqu'à ce qu'ils aient rendu compte. Peuvent tou» tefois disposer au profit de leurs père, mère, aïeul » ou aïeule, ou autres ascendants, encore qu'ils » soient de la qualité susdite, pourvu que lors du » testament, ou du décès du testateur, lesdits père, » mère ou autres ascendants ne soient remariés. » Le mineur ne pouvait donc disposer au profit de son tuteur, même après avoir acquis la capacité de tester, qu'autant que le compte de tutelle avait été rendu ; une exception de faveur était même introduite au profit de certaines personnes désignées. En effet, où s'arrêtait la nécessité de protéger la famille, s'arrêtaient aussi les prohibitions de la coutume. La qualité d'ascendant, que revêtait le tuteur, était une garantie suffisante qui excluait tout soupçon de captation ; de même étaient affranchis de cette incapacité les tuteurs qui, par la reddition de leur compte,

étaient considérés comme ayant perdu l'influence
qu'ils pouvaient exercer sur leurs pupilles.

Le Code Napoléon, tout en rejetant une partie des
incapacités créées par l'ordonnance et étendues par
la jurisprudence à certaines personnes dans des po-
sitions analogues au tuteur, a admis les mêmes principes dans son article 907, qui prononce contre
les mineurs une double prohibition. Le mineur, pendant tout le temps de sa minorité, alors même
qu'ayant accompli sa seizième année, il a acquis le
droit partiel de tester, ne peut en aucune façon l'exercer au profit de son tuteur; en second lieu, le mineur devenu majeur, et qui a la plénitude du droit
de tester, ne peut faire aucune libéralité à celui qui
a été son tuteur, tant que le compte de tutelle n'a
pas été préalablement rendu et apuré.

Cette incapacité de recevoir qui frappe le tuteur
est fondée sur une présomption *juris et de jure*, que
la libéralité qui lui serait adressée serait le fruit
d'obsessions qui anéantiraient la liberté et la spon-
tanéité de la volonté, qui est l'élément essentiel des
dispositions à titre gratuit. La qualité seule de tuteur
suffit. Aussi faut-il bien se garder d'étendre cette
prohibition au delà des limites tracées par la loi
elle-même; et si l'on doit mettre sur le même rang le
tuteur, le cotuteur, le protuteur, le tuteur officieux,
l'époux de la veuve remariée, soit qu'elle conserve
régulièrement la tutelle sur ses enfants-du premier
lit; soit qu'elle ait indûment continué sa gestion

(art. 375-396); on doit bien se garder de frapper de
la même incapacité le curateur, le conseil judiciaire,
le tuteur *ad hoc*, le subrogé tuteur. Si toutefois, en
ce qui concerne ce dernier, il était établi qu'il ne
s'est pas borné au rôle de simple conseil, qu'il a
géré en fait à la place du tuteur valétudinaire ou incapable, et que les dispositions du mineur sont le
résultat de son ascendant, on devrait le déclarer incapable, car il était *loco tutoris*, et exposé aux mêmes
pénalités (1). Cette théorie de l'incapacité du tuteur
de recevoir de son pupille, bien simple en apparence,
a cependant fait naître des difficultés qui ont profondément divisé les auteurs.

D'abord l'article 907 a-t-il créé une incapacité de
recevoir ou une incapacité de disposer ? est-ce le tuteur qui est incapable de recevoir, ou le mineur incapable de disposer ? et si une libéralité est faite par
un pupille à son tuteur, soit pendant sa minorité,
soit après sa majorité, mais avant l'apurement du
compte de tutelle, et que le tuteur ait rendu ses
comptes postérieurement, qu'il soit capable à la
mort du disposant, pourra-t-il profiter du legs qui
lui aura été fait. M. Marcadé, se fondant sur ce
que le mineur n'a pas moins de maturité d'esprit
vis-à-vis de son tuteur que vis-à-vis de tout autre,
et mérite autant de confiance, soit qu'on lui ait
rendu, soit qu'on ne lui ait pas rendu le compte
tutélaire, ne voit qu'un motif à la prohibition de

---

(1) Troplong. Donat., v° 624. — Grenoble, 26 juillet 1828.

la loi, l'incapacité du tuteur. De là il tire la conséquence que le légataire ne devant être capable
qu'au moment de la mort du testateur, et nullement
au moment de la confection du testament, la libéralité qui lui aura été faite alors qu'il était incapable,
lui profitera si, au moment de la mort de son pupille,
celui-ci était majeur et avait reçu et approuvé la reddition de son compte de tutelle (1). Nous pensons
qu'un semblable système doit être rejeté, non-seulement comme contraire au texte même de la loi, mais
encore comme étant en opposition formelle avec les
motifs qui ont fait édicter cette prohibition. L'art. 907
n'a pas seulement créé une incapacité de recevoir,
il a aussi établi en même temps, et comme corollaire, l'incapacité de disposer chez le mineur; c'est
une incapacité complexe. Le législateur a craint
l'abus que le tuteur pouvait faire de son ascendant
sur l'esprit du pupille; il l'a déclaré suspect de par
la loi; il a voulu, en outre, prémunir le mineur
contre sa propre faiblesse, contre les périls excep-
tionnels qui l'entouraient; il lui a retiré la faculté de
disposer qu'il lui avait octroyée. Le testament qu'a
fait un mineur ou un majeur avant la reddition de
son compte de tutelle n'est pas la manifestation ré-
gulière d'une volonté libre. Si ce testament s'adresse
au tuteur, il est frappé de nullité absolue, et, quoiqu'il arrive, jamais le tuteur ne pourra en bénéficier (2).

(1) Marcadé, art. 907, n° 3.
(2) Coin-Delisle. Troplong, n° 620.

Une seconde question non moins vivement discu-
tée est celle de savoir si le tuteur qui a cessé ses
fonctions avant la majorité de son pupille, soit par
suite de l'émancipation de ce dernier, soit par suite
de l'excuse de tutelle qu'il fait accepter, peut recevoir par testament, lorsqu'il a rendu et apuré son
compte de tutelle. Le doute vient de ce que l'art. 907
prononce contre le mineur une incapacité absolue
vis-à-vis de son tuteur, le met dans la même position
que s'il avait moins de 16 ans, et ne permet qu'au
majeur de disposer au profit de celui qui a exercé la
tutelle, après l'apurement du compte. Malgré le
texte de la loi, nous pensons qu'il ne faut pas s'arrêter à l'écorce des mots, mais voir plutôt le motif
des prohibitions de l'art. 907. Le législateur a voulu
prévenir les conséquences funestes de l'influence que
le tuteur peut exercer sur son pupille ; or, cet empire,
cet ascendant n'est plus à craindre lorsque la tutelle
est finie, lorsque la personne du pupille ni ses biens
ne se trouvent sous la main de celui dont la captation
est à craindre. Le tuteur qui a cessé ses fonctions
n'est plus tuteur, il n'est plus qu'un étranger, et vis-
à-vis de lui, comme vis-à-vis de tout autre, le mineur retrouve la capacité que lui avait conférée
l'article 904 Code Napoléon. L'explication du texte
de l'article 906, derrière lequel on se retranche,
n'est rien moins que concluante; car il est évident que
si le législateur a parlé de la capacité du majeur
avant l'apurement du compte tutélaire, il envisageait
évidemment le *plerumque fit*, à savoir la fin de la

tutelle, et la nécessité de rendre compte par la majorité du pupille. Mais là où il y a parité de motifs, il doit y avoir parité de décision (1).

Nous n'insisterons pas davantage sur cette incapacité; nous rappellerons toutefois que, le compte de tutelle une fois rendu et apuré, l'incapacité du tuteur s'évanouit, sans qu'il soit nécessaire que le reliquat soit payé, contrairement à l'opinion de Ricard dans l'ancien droit (2); incapacité qui disparaît encore, lorsque l'action en reddition de compte est éteinte par la prescription.

Nous terminerons en faisant remarquer combien est sage l'exception qui favorise les ascendants tuteurs de leurs enfants. Ce n'est plus la suggestion, la captation qui est supposée être le motif, la cause déterminante de la libéralité faite par le pupille; il y a quelque mobile plus noble, plus élevé qui prend sa source dans les liens du sang et dans la sainte et pieuse affection qui unit les pères et mères aux enfants.

§ II.

Des médecins, chirurgiens, pharmaciens et ministres du culte.

De l'ordonnance de 1539, qui frappait d'incapa-

(1) Ricard, n° 458. — Troplong, n° 621. — Coin-Delisle, art. 907, n° 4.
(2) Ricard, n° 458.

cité relative de recevoir les tuteurs et administrateurs, la jurisprudence avait déduit tout naturellement, et suivant le même ordre d'idées, celles des médecins, apothicaires, confesseurs et autres personnes semblables qui pouvaient avoir de l'influence sur l'esprit du disposant (1). Mais modérée dans l'application des principes par elle créés, la jurisprudence décidait que les médecins, chirurgiens, apothicaires, n'étaient incapables qu'autant qu'il ne se rencontrait pas d'autres causes que leur art, pour motiver les libéralités qui leur étaient faites.

Ainsi on n'hésita jamais à confirmer des legs faits au médecin qui avait soigné le mourant, au prêtre qui lui avait donné les secours de la religion, lorsque leur peu d'importance pouvait les faire considérer comme une sorte de rémunération de services rendus, lorsque encore la parenté venait détruire la présomption de la loi (2).

L'article 909 du Code Napoléon s'est complétement approprié cette doctrine, et n'a fait que la régulariser. Les médecins, les pharmaciens, chirurgiens, qui ont traité une personne pendant la maladie dont elle est morte, ne peuvent recevoir d'elle aucune libéralité qui leur est faite pendant le cours de cette maladie ; ils sont frappés de suspicion légitime et et présumés avoir employé leur influence pour ex-

---

(1) Furgole, chap. 6, sect. 11, nº 76.—Pothier, Donat. entre-vifs, nº 38.

(2) Ricard, t. 1, part. 1, chap. 3, sect. 9. — Furgole, chap. 6, t. 26, nº 76.

torquer le don qui leur est destiné : « Il en coûte sans
» doute, disait M. Jaubert au tribunat, d'établir une
» règle générale qui porte sur des professions que
» nous sommes accoutumés à voir exercer par des
» hommes si désintéressés et si généreux ; mais
» ceux-là ne se plaindront pas des précautions de la
» loi, qui ne peut distinguer entre les individus. »
Ainsi tous les médecins, les chirurgiens qui auront
traité le malade, le pharmacien qui, sortant de ses
fonctions habituelles, lui aura aussi donné des soins,
tous ceux qui font le métier licite ou illicite de guérir, se trouvent enveloppés dans la prohibition de
l'article 909. La présomption sur laquelle repose
cette incapacité est une présomption *juris et de jure*,
attachée à la seule qualité de médecin, sans qu'il soit
possible d'essayer à établir que la libéralité qui
s'adresse à l'homme de l'art a été dictée par un tout
autre motif que les soins donnés au malade. Nous ne
pourrions admettre la doctrine que M. Troplong (1)
semble professer sur l'application de l'article 909,
et qui donnerait aux tribunaux le droit d'apprécier
et de décider si le legs a été le résultat des soins
donnés, ou bien s'il n'a pas eu sa cause dans une
amitié antérieure et indépendante de ces soins. L'ancienne jurisprudence ne peut, selon nous, être invoquée en présence du texte et de l'esprit de l'art. 909 ;
et l'arrêt de cassation du 24 juillet 1832, cité par
M. Troplong à l'appui de sa doctrine, est fort loin de

(1) Troplong, n° 640.

poser un pareil principe. Il a seulement décidé qu'il
n'y avait pas lieu à cassation de l'arrêt attaqué,
parce qu'en fait, le légataire n'était point médecin,
mais seulement étudiant en médecine; non-seulement
n'exerçait point l'art de guérir, n'avait point traité le
malade, mais encore avait le titre d'enfant élevé par
le testateur, pour expliquer le legs universel fait à
son profit.

Une double condition est exigée pour que l'incapacité prononcée contre le médecin soit encourue,
outre cette circonstance nécessaire d'avoir traité
le malade : il faut d'abord que la maladie pendant laquelle le testament a été fait soit celle dont
est mort le patient. Les juges devront apprécier
et juger en fait si en réalité le décès a bien eu pour
cause la maladie pendant laquelle des soins ont été
donnés. Il faut, en second lieu, que le testament ait
été fait pendant cette dernière maladie; si, en effet,
un legs avait été consenti au profit d'un médecin
avant la maladie pour laquelle il aurait plus tard été
appelé et qu'il aurait traitée, le legs serait parfaitement valable, car on ne pourrait prétendre, comme
disait Pothier (1), qu'il est le résultat de la faiblesse
du malade qui, pour avoir guérison, n'ose rien re-
fuser à ceux desquels il s'imagine l'obtenir. De
même la disposition testamentaire faite pendant une
maladie au profit d'un médecin reste valable si le

(1) Pothier, Donat. entre-vifs, n° 8.

malade revient à la santé ; la non-révocation de son testament, dans lequel il persiste après avoir recouvré la plénitude de ses facultés, prouve suffisamment qu'il n'a point agi sous l'empire d'une influence étrangère.

A côté de la prohibition générale, à côté de la règle, se trouve l'exception. Lorsqu'en effet la présomption de fraude et de captation, qui est attachée au testament fait au profit d'un médecin, vient à disparaître devant le caractère même de la libéralité, ou devant les relations de parenté qui existent entre l'homme de l'art et le testateur, l'incapacité disparaît, car elle n'a plus raison d'être. Lors donc que le legs, par sa minime importance, pourra être considéré comme un témoignage de gratitude, comme une juste rémunération de services rendus, la libéralité adressée au médecin sera parfaitement valable ; et les juges, non pas d'une manière absolue, mais en appréciant l'étendue des soins donnés, la fortune de celui qui gratifie, devront déterminer si la disposition, quelle que soit sa valeur, a réellement le caractère de rémunératoire.

La seconde exception, avons-nous dit, repose sur les relations de parenté. Lorsqu'en effet le médecin appelé au chevet d'un mourant se trouve un de ses héritiers en ligne directe; ou seulement son parent au quatrième degré, si le disposant n'a que des héritiers en ligne collatérale, il peut valablement recevoir : la libéralité s'explique naturellement par les liens d'affection qui lient le testateur au gratifié, et la fraude ne peut pas être soupçonnée comme la cause de la disposition testamentaire.

Une troisième faveur, quoique non écrite dans la loi, est universellement admise au profit du médecin mari de la testatrice, alors même que le mariage ne se serait fait que pendant la dernière maladie ; à moins toutefois que la réalisation du mariage *in extremis* n'eût été qu'un moyen de fraude à la loi, qu'une honteuse spéculation pour s'approprier les dépouilles d'une mourante. La combinaison des articles 1096 et 212 ne peut laisser aucun doute sur la capacité de recevoir de l'époux médecin.

Si le législateur a redouté l'influence du médecin sur son malade ; a établi une présomption de fraude et de captation contre la libéralité qui lui est faite ; combien, à plus forte raison, il a porté la même prohibition contre le ministre du culte qui a assisté le mourant, et lui a administré les consolations de la religion. Combien encore est plus à craindre, en effet, l'ascendant du prêtre sur l'esprit de ce moribond, qui, au souvenir de ses faiblesses, assailli par les craintes de la mort, le regarde comme un être surnaturel, comme un intermédiaire entre lui et la Divinité, qui d'un mot peut effacer ses fautes, et lui procurer ainsi le bonheur et le repos dans l'éternité.

§ III.

Des enfants naturels.

La prohibition portée par le législateur moderne dans l'art. 908 Code Napoléon contre les enfants naturels, lesquels ne peuvent rien recevoir au delà de ce que la loi leur accorde à titre de succession, n'est certes pas nouvelle. Il suffit de lire Bacquet et Furgole (1), et les nombreux détails qu'ils fournissent, pour se convaincre quelles divergences présentaient nos coutumes, qui toutes, refusant un droit de succession aux bâtards simples, leur permettaient de recevoir, les unes à cause d'aliments, les autres le sixième des biens meubles ou conquêts immeubles ; les troisièmes enfin leur conférant, comme la coutume de Bourgogne (art. 3, tit. 8), la même capacité qu'aux étrangers. Pothier nous apprend que les bâtards sont incapables seulement de donations universelles, mais capables de donations de choses particulières, quoique considérables (2).

Nous savons quels furent sur ce point les principes légers et la morale facile des législateurs de la révolution, qui crurent devoir placer sur le même rang l'enfant né sous la protection sacrée du mariage et

(1) Bacquet, Droit de bâtardise. — Furgole, chap. 6, sect. 2, nos 101 et suiv.

(2) Pothier, Donat. entre-vifs, no 33.

celui né dans la débauche ; et accorder, par la loi du
12 brumaire an XI, aux enfants naturels les mêmes
droits qu'aux enfants légitimes.

Le Code Napoléon a repoussé cette grossière assi-
milation ; restituant au mariage ses prérogatives et
sa dignité, il n'a pas voulu que les pères et mères qui
ont failli à leurs devoirs, pussent se complaire dans
leurs déréglements, et élever par des libéralités ex-
cessives l'enfant naturel au niveau des enfants légitimes. Plus libéral que l'ancien droit, il lui accorde
des droits de succession, le tiers, la moitié, les trois
quarts de ce qu'il aurait eu s'il eût été légitime (articles 756-757), selon qu'il se trouve en concours avec
des enfants légitimes, des ascendants ou des collaté-
raux non privilégiés ; mais il le déclare en même
temps incapable de rien recevoir au delà, soit par
donation, soit par testament.

Lorsque nous parlons de l'incapacité relative et
partielle qui frappe les enfants naturels, nous ne
parlons que de ceux qui sont reconnus et qui sont
nés d'un commerce non infâme, *ex soluto et ex soluta*.
Les enfants nés d'un commerce adultérin et incestueux, lorsqu'ils sont légalement reconnus tels, ne
peuvent recevoir que des aliments (art. 762), *ne
fame percant*.

C'est ici le lieu de dire quelques mots de la capacité des pères et mères des bâtards, des concubins
entre eux, sous notre législation actuelle. Dans l'ancienne jurisprudence, ainsi que nous l'attestent Furgole, Ricard, l'usage du royaume avait adopté les

lois romaines, qui déclaraient l'inanité ou l'indignité des dispositions faites par le soldat à la concubine appelée *focaria*, et regardait toute concubine incapable de recevoir, si ce n'est pour cause d'aliments ; par ce motif que les lois de la religion et les constitutions canoniques défendaient le concubinage (1). « Les concubines, dit Pothier, sont inca-
» pables de recevoir des donations, à cause de
» l'empire qu'elles ont sur l'esprit du donateur ;
» car qui a plus d'empire sur l'esprit d'un homme
» qu'une concubine ? Les histoires en fournissent
» une infinité d'exemples, tel que celui de Dalila à
» l'égard de Samson, et celui des concubines du roi
» Salomon (2). » M. Merlin enseigne que cette législation a été en vigueur même sous les lois du 17 nivôse an II et du 4 germinal an VIII (3). Le Code Napoléon n'a point reproduit ces prohibitions contre les concubines, et nul doute que, sous la législation actuelle, elles n'encourent aucune incapacité. Il est d'autant plus certain que le législateur moderne a entendu laisser aux concubines une capacité pleine et entière, que le projet du Code contenait un article qui interdisait les libéralités entre concubins, et que cet article n'a pas reparu dans la rédaction définitive. Le motif en est qu'on a voulu éviter le scandale des perquisitions dans la vie privée de chaque citoyen,

(1) Furgole, chap. 6, sect. 2, § 85 et suiv.—Ricard, Donat., 406, 407, 410.

(2) Pothier, Donat. entre-vifs, n° 31.

(3) Merlin, v° concubinage.

de nature à jeter le déshonneur dans les familles ; et comme le fait très-bien remarquer M. Bugnet, annotateur de Pothier, « il ne faut pas oublier qu'il » y a souvent plus de scandale dans le débat de » semblables questions que dans le maintien pur et » simple des dispositions, et le poëte qui a dit :

Curando fieri quædam majora videmus
Vulnera, quæ melius non tetigisse fuit,

» a donné une bonne règle de conduite aux législa-
» teurs et aux juges. »

Quoi qu'il en soit, nous devons considérer comme certain que les concubins entre eux peuvent se faire telles libéralités qu'ils jugent convenables, sauf à invoquer le concubinage comme un élément, une présomption de suggestion et de captation.

J'aurais encore, pour compléter l'énumération des incapacités relatives de recevoir par testament, à parler des époux, dont la capacité de se donner par acte entre-vifs ou testamentaire a été restreinte par les articles 1094 et 1098 C. N.; mais ce travail, assez long pour faire à lui seul pour ainsi dire l'objet d'une thèse, rentre plutôt dans la théorie de la disponibilité que dans celui de la capacité ; qu'il me suffise donc de rappeler ici cette incapacité, comme aussi de mentionner les dispositions sans grand intérêt des art. 975 et 997.

SECTION III.

DES LIBÉRALITÉS ADRESSÉES A UN INCAPABLE , SOIT PAR PERSONNES INTER-
POSÉES, SOIT SOUS LA FORME D'UN CONTRAT A TITRE ONÉREUX.

C'est en vain que la loi aurait porté des prohibitions de recevoir, prononcé des incapacités , si elle
ne prenait des mesures pour qu'on ne puisse éluder
ses dispositions;.et si elle ne déjouait la fraude , ce
Protée si ingénieux et parfois si difficile à saisir. De
tous les moyens captieux employés pour frauder la
loi, les plus fréquents sont assurément la dissimu-
lation d'une libéralité sous l'apparence d'un contrat
onéreux, et l'interposition de personnes qui, capables
de recevoir, semblent au premier abord être les vé-
ritables gratifiées, mais qui en réalité ne sont que
des intermédiaires chargés de remettre à celui que
la loi a déclaré incapable ou indigne de recueillir.

Nimium ne crede colori, disait le poëte (1). Il ne
faut pas s'arrêter à l'écorce, à l'apparence souvent
trompeuse des actes que l'imagination parvient à
créer pour se soustraire aux prohibitions de la loi.
L'incapable de recevoir une libéralité n'en a pas moins
le droit d'acheter, de vendre , ou de faire tous autres
actes de commerce ; rien de plus naturel pour dé-
guiser une libéralité que d'avoir alors recours à la

(1) Virgile. Bucol. egl. 2.

forme d'un contrat à titre onéreux permis à l'incapable, qui recevra alors la chose vendue sans en
payer le prix, par conséquent à titre de don. Ces
déguisements de contrats ne sont pas chose nouvelle;
les lois romaines prononçaient la nullité des donations déguisées sous le titre de vente, d'échange, de
société, de louage; le Code Napoléon a reproduit ces
mêmes dispositions, et dans l'article 911 a prononcé
la nullité des libéralités s'adressant à un incapable,
quel que soit l'acte ayant pour but de cacher, de
voiler cette libéralité.

Tous les modes de preuves sont admissibles pour
établir la non-sincérité de l'acte qui est invoqué par
le gratifié; et quoique l'obligation de prouver qu'il
y a fraude, que le contrat n'est pas sérieux, incombe
à celui qui attaque et demande la nullité du contrat,
les juges peuvent apprécier, prendre en considération
toutes circonstances graves, précises et concordantes,
tendant à établir que l'acte est une libéralité dégui-
sée. Si, par exemple, il s'agit d'une reconnaissance de
dette, qui souvent est employée pour masquer une
disposition à titre gratuit; sans qu'il soit besoin
d'avoir recours à des preuves par écrit ou même par
témoins, la position seule des parties intéressées,
la fortune de l'un, la pauvreté de l'autre, l'impossibilité d'expliquer un prêt fait au disposant; ces circonstances, si elles portent la conviction dans l'esprit
du juge, suffisent pour étayer sa décision.

Mais, quelle que soit la liberté accordée aux tri-

bunaux dans l'appréciation des faits soumis à leur
examen, il faudrait bien se garder de croire, comme
M. Delvincourt l'enseigne, que tout contrat à titre
onéreux consenti au profit d'un incapable est par
cela seul frappé de suspicion, et que la loi a établi
une présomption qui dispense le demandeur de toute
espèce de preuve. Rien n'est plus erroné qu'un pareil système, qui d'ailleurs n'a été adopté par personne. L'incapable de recevoir n'est pas en effet
incapable de faire un contrat de vente, par exemple;
cet acte subsiste donc tant que la fraude n'est pas
établie à son encontre, car la fraude ne se présume
pas.

Le déguisement par interposition de personnes
a lieu par l'institution que l'on fait d'une personne
capable, avec l'obligation tacite de restituer. Le bé-
néficiaire désigné par le testament, qui, d'après la
volonté du testateur, doit paraître aux yeux de tous,
n'est point en réalité le gratifié. Le véritable légataire est l'incapable, auquel le montant du don ou
legs doit être restitué. Pour qu'il y ait déguisement
par interposition de personnes, il faut que la libéralité
s'adresse à l'incapable auquel le légataire apparent
s'est engagé, soit verbalement, soit tacitement, à la
restituer. Il n'est pas même nécessaire pour l'existence du fidéicommis, pour qu'il y ait interposition
de personnes, que le légataire apparent se soit engagé
à restituer; alors même qu'il ignorerait la condition
tacite sous laquelle on l'a institué, la libéralité n'en

serait pas moins frappée de nullité (1). C'est ainsi
que, dans un procès célèbre tout récemment jugé par
la cour d'Amiens, l'arrêt, tout en reconnaissant
que Monseigneur l'évêque de Moulins, légataire institué par M. le marquis de Villette, n'avait point été
initié par le testateur à ses intentions secrètes, et
ignorait qu'en réalité la libéralité fût destinée à M. le
comte de Chambord, n'en décida pas moins en principe qu'il y avait fidéicommis au profit d'un incapable, et annula le testament fait au profit de Monseigneur de Dreux-Brézé.

De même que pour établir le déguisement sous la
forme d'un contrat à titre onéreux, l'interposition
de personnes peut être constatée par tous les genres
de preuves, par la preuve testimoniale, l'interroga-
toire sur faits et articles, si utile en pareille matière;
et par toutes les circonstances qui peuvent faire dé-
couvrir la fraude à la loi.

La loi ne se contente pas d'autoriser la preuve d'un
fidéicommis au profit d'une personne incapable ;
suivant en cela les principes du droit romain et de
notre ancienne jurisprudence (2), le législateur a
établi une présomption d'interposition de personnes,
lorsque des liens étroits de parenté unissent l'institué
et l'incapable. « Sont réputées personnes interposées,
dit l'article 911, les père et mère, les enfants et des-

(1) Troplong, nº 687. — Arrêts 30 janvier 1845. — Cass. 20 avril
1847.—Bordeaux, 8 décembre 1847.

(2) L. 3, §§ 5 et 6. L. 5, § 2. L. 32, § 10, de donat. inter. vir. et
uxor.—Ricard, nºˢ 710 et suiv.—Cout. de Paris, art. 276.

cendants, et l'époux de la personne incapable. C'est
une présomption *juris et de jure* que la loi établit ; à
elle seule elle suffit pour faire annuler la libéralité ;
et aucune preuve ne peut être admise pour la détruire. La personne légalement réputée interposée
ne pourrait faire maintenir la libéralité en prouvant
que c'est réellement à elle qu'elle s'adresse, et non à
l'incapable dont elle est le père, le fils ou le conjoint.
La présomption établie par la loi est invincible ; elle
doit s'appliquer dans toute sa rigueur, et comme la
loi ne distingue pas, et que les motifs de décider sont
les mêmes, elle frappe les parents au degré indiqué ;
que les liens qui les rattachent à l'incapable soient
légitimes, naturels, ou le résultat de l'adoption.
Comme toute pénalité, toute incapacité, cette présomption ne doit pas être étendue au delà des limites
spécialement désignées ; et comme la loi ne parle que
du père et de la mère, elle ne devrait pas être appliquée à tous autres ascendants. A ce point de vue
restrictif, nous devons ajouter que, selon nous, la présomption d'interposition de personnes n'a de raison
d'être qu'en ce qui concerne les incapacités relatives,
et constituerait non-seulement une injustice, mais
encore une impossibilité morale, si on voulait l'étendre aux incapacités absolues.

SECTION IV.

DU TEMPS AUQUEL LE LÉGATAIRE DOIT ÊTRE CAPABLE.

Sur la question de savoir à quelles époques est requise la capacité chez le légataire, le Code ne trace aucune règle positive; nulle part il ne tranche résolument la difficulté; nécessité est donc de s'en référer sur ce point à notre ancien droit et aux idées générales de la législation qui nous régit. Dans les pays de droit écrit, si souvent habitués à suivre par routine les préceptes du droit romain, la règle catonienne était en vigueur, et on exigeait la capacité de l'institué non-seulement au décès du testateur, mais encore au moment de la confection du testament. La règle catonienne était toutefois modifiée par cette maxime : « Le mort saisit le vif, » qui faisait rejeter la décision de la loi 49, § 1er, *de hæred. instit.*, d'après laquelle l'institué étranger devait aussi être capable au moment de l'adition d'hérédité. La règle catonienne ne paraît point avoir été acceptée dans nos pays de coutume; elle répugnait au système testamentaire adopté. Les anciens auteurs sont unanimes pour proclamer que la capacité du légataire, dans les institutions pures et simples, n'est requise qu'au temps de la mort du

testateur (1). Le Code Napoléon a évidemment suivi
la doctrine universellement professée dans l'ancien
droit, et tous les auteurs enseignent, comme principe incontestable, que la capacité du légataire ne
peut pas être exigée au moment de la confection du
testament. Nous insistons sur ce point, parce qu'un
arrêt de la Cour de cassation du 27 nov. 1848, qui a
passé inaperçu au milieu des préoccupations poli-
tiques de cette époque (2), a posé un principe contraire, et fait revivre, alors que personne n'y son-
geait, la règle catonienne. On doit d'autant mieux
combattre des doctrines de cette nature, qu'elles sont
susceptibles de tromper et de faire des adeptes : té-
moin M. Dalloz, qui, séduit par les arguments de cet
arrêt, abandonne l'opinion qu'il avait adoptée
comme tout le monde, et se fait le fervent apôtre
d'un système que jusque-là il n'avait même pas
soupçonné. Nous sommes loin d'approuver les raisons juridiques de cet arrêt, qu'il nous sera facile de
détruire en quelques mots.

Il est bien certain que le légataire ne concourt
point à la confection du testament ; aucun droit ne
lui est transmis à ce moment; on ne comprend donc

(1) Ricard, prem. part., nos 829 et 830.—Domat, 2e part., liv. 1,
t. 1, sect. 2, n° 31. — Furgole, chap. 6, n° 46. — Pothier, Donat.
test., no 308.

(2) Cet arrêt est passé tellement inaperçu, que plusieurs jurisconsultes auxquels j'en parlais ne pouvaient croire à son existence,
et après l'avoir vu, le qualifiaient de monstruosité juridique.

pas comment, raisonnablement, le légataire devrait
être capable à l'époque de la confection du testament. Aussi est-ce avec la plus grande justesse que
Ricard disait : « J'estime que la personne d'un léga-
» taire n'est considérable pour la perfection d'un
» testament que lors de l'échéance du legs, qui ne
» doit conséquemment demeurer caduc que lors-
» qu'en ce temps la personne à laquelle il est des-
» tiné ne se trouve point capable de le recevoir, la
» prévoyance du testateur n'ayant lieu que pour
» l'avenir, et pour le temps auquel il a voulu que sa
» volonté eût effet, qui est celui de sa mort ; de
» sorte que, quand le légataire serait incapable au
» temps que le testament a été fait, on doit présu-
» mer que le testateur a prévu que le légataire pou-
» vait acquérir la capacité dans le temps qui devait
» s'écouler jusqu'à l'exécution du testament, tous
» ses soins et sa volonté dans cet ouvrage n'étant
» attachés qu'à la considération du temps futur, et
» non pas de celui auquel il agit (1). » Aucune raison de droit ne peut, en effet, être invoquée pour
exiger cette capacité du légataire au moment du
testament. La règle catonienne n'était qu'une sub-
tilité rigoureuse d'argumentation, qui avait sa raison
d'être sous l'empire du testament *per æs et libram*,
alors que l'héritier institué devait concourir à la
confection du testament, mais qui ne se mainte-
nait que par l'habitude sous la forme testamentaire

(1) Ricard, loc. cit.

du droit prétorien, et n'avait plus déjà, à cette époque, sa raison d'être, comme le fait très-judicieuse-
ment remarquer Domat (1).

On se demande comment aujourd'hui la règle
catonienne pourrait revivre, alors que le légataire
est complétement étranger à la confection du testament, et le plus souvent en ignore l'existence.
Les partisans de l'arrêt cité prétendent que la
règle catonienne n'a jamais été abolie par aucune
loi; que, sous l'empire de l'art. 49 de l'ordonnance de 1735, Furgole qui en avait été l'âme,
écrivait que cet article, qui déclarait que la conception au moment de la mort suffisait pour
qu'on puisse recueillir, n'avait trait qu'au cas de la
naissance du légataire, mais n'avait déclaré ni directement, ni par voie de conséquence, qu'il suffisait
qu'un héritier fût capable lors de la mort du testateur. Nous avons lu ce passage de Furgole qui a si
profondément impressionné M. Dalloz, et nous
avouons que nous n'y avons rien vu qui ait trait
directement à la question qui nous occupe. Furgole
s'explique sur la portée de l'art. 49 de l'ordonnance
de 1735, qui, tranchant une difficulté depuis longtemps débattue entre les auteurs, décide qu'il suffit
d'être conçu à l'époque du décès du testateur pour
être capable de recevoir; il fait remarquer que cet
article 49 n'a eu pour but que de statuer sur cette
difficulté, et n'a en rien touché aux autres questions

_____

(1) Domat, loc. cit.

de capacité. « L'article 49, dit-il, est donc particulier,
» et il ne doit pas être tiré à conséquence pour les
» autres cas où la capacité est ou n'est pas requise,
» selon les lois, lors du testament. » Furgole ne dit
pas le moins du monde, comme on le prétend,
que, sous l'empire de l'ordonnance de 1735, la capacité du légataire est requise à l'époque du testament ;
il déclare seulement que l'ordonnance est complétement étrangère aux questions de capacité autres
que la conception. Si l'on avait voulu connaître
l'opinion de Furgole sur ce qui était enseigné de son
temps, il fallait consulter son passage 46, chap. 6,
dans lequel il dit ce qui suit : « Dans les pays cou-
» tumiers, où l'institution d'héritier n'a point lieu,
» où du moins elle n'est point nécessaire, et où les
» dispositions universelles ne valent que comme des
» legs, suivant l'art. 299 de la coutume de Paris, on
» ne considère la capacité des légataires, pour les
» dispositions pures, qu'eu égard au temps de la
» mort du testateur, et l'on n'y observe point la
» règle catonienne. C'est l'opinion commune du
» palais et l'usage du parlement de Paris. » Ni Furgole, ni personne, dans l'ancienne jurisprudence, n'a
jamais défendu le maintien de cette règle catonienne,
depuis longtemps condamnée comme n'ayant plus de
raison d'être. Les rédacteurs du Code, en décrétant
l'art. 906, en déclarant qu'il suffit d'être conçu à
l'époque du décès du testateur, n'ont certes pas eu
l'intention de l'exhumer de ses cendres, et le texte
général de cet article fait bien plutôt supposer que
cette règle spéciale de capacité pour l'enfant simple-

ment conçu doit être appliquée à plus forte raison
à toutes les autres incapacités. Tenons donc pour
certain qu'aujourd'hui la capacité du légataire pur
et simple ou à terme doit être exigée seulement à la
mort du testateur, époque à laquelle le droit se
transmet et s'acquiert, et jamais au moment de la
disposition testamentaire.

Lorsque le legs est conditionnel, nul doute que le
légataire doive être capable au moment de la réalisation de la condition, puisque c'est à cette époque
seulement qu'il acquiert le droit qui lui a été légué ;
nul doute qu'il ne doive être conçu au moment de la
mort du testateur. L'article 906 est formel sur ce
point. Mais devra-t-il être capable à ce moment du
décès ? Quoique la solution me paraisse plus délicate,
et quoiqu'on puisse dire que le légataire acquiert au
moment de la mort un certain droit, droit modal sans
doute, mais qui n'en existe pas moins, je pense avec
la plupart des auteurs qu'il suffit que la capacité
existe à l'époque de la réalisation de la condition ;
c'est seulement à ce moment que la transmission du
droit s'opère, et que le légataire doit être capable
d'acquérir ; nul texte n'exige davantage, et je ne vois
point de raison pour déroger aux principes reconnus
en droit romain, où la règle catonienne n'était point
applicable aux legs et institutions conditionnels, et
universellement suivis dans notre ancien droit.

Une seule époque est donc à considérer : la mort
du testateur, dans les legs purs ou à terme ; la réalisation de la condition, dans les legs conditionnels.

QUESTIONS.

DROIT ROMAIN.

I. Le principe que le citoyen pubère, ayant faction de testament, pouvait disposer de l'universalité de ses biens, était-il absolu ? — Non.

II. Le condamné pour concussion pouvait-il tester ? — Non.

III. Le pécule *castrans*, lorsque le fils de famille qui le possédait décédait intestat, n'ayant ni frères ni enfants, faisait-il retour au père de famille à titre de pécule ou de succession ? — A titre de succession.

IV. Dans les institutions conditionnelles, l'héritier institué devait-il être capable au moment de la confection du testament ? — Non ?

DROIT FRANÇAIS.

I. L'insensé, frappé d'interdiction, peut-il faire valablement un testament dans un intervalle lucide ? — Non.

II. Peut-on attaquer pour cause d'insanité d'esprit le testament laissé par un homme en état habituel

10

de démence ou de fureur, encore bien que l'acte ne porte aucune trace de folie, et que son interdiction n'a été ni prononcée ni provoquée de son vivant? — Oui.

III. Le condamné à une peine afflictive et infamante temporaire, qui, aux termes de l'art. 29 Code pénal, est frappé d'interdiction légale, peut-il tester? — Oui.

IV. La prohibition de recevoir portée par l'art. 907 contre le tuteur du mineur doit-elle être étendue au tuteur de l'interdit? — Non.

V. La preuve d'un fidéicommis au profit d'un incapable peut s'établir de toutes manières, sans qu'il soit même nécessaire de prouver qu'il y a eu accord formel entre le grevé et l'incapable.

VI. La règle catonienne est-elle applicable en droit français? — Non.

VII. Le sourd-muet qui ne sait ni lire ni écrire peut-il faire un testament authentique ou une donation? — Oui.

DROIT COMMERCIAL.

I. La dot consentie par un failli au profit d'un de ses enfants, depuis la cessation de ses payements ou dans les dix jours qui précèdent, est-elle valable? — Oui.

II. Les tribunaux civils, saisis d'une contestation dans laquelle une exception tirée de la faillite est opposée, peuvent-ils, quoique la faillite ne soit pas déclarée, appliquer les règles et les principes qui découlent de la cessation de payement constatée ? — Oui.

DROIT PÉNAL.

I. L'action civile résultant d'un crime se prescrit-elle par le même laps de temps que l'action publique ? — Oui.

II. Si le fait poursuivi devant le tribunal correctionnel ou celui de simple police ne constitue ni contravention ni délit, les magistrats peuvent-ils statuer sur la demande en dommages-intérêts de la partie civile ? — Non.

DROIT ADMINISTRATIF.

La propriété des rivières non navigables ni flottables appartient-elle à l'Etat ? — Oui.

Poitiers — Typ. de A. Dupré.

www.ingramcontent.com/pod-product-compliance
Lightning Source LLC
Chambersburg PA
CBHW071856200326
41519CB00016B/4415